우리나라에는
왜
저커버그가
없을까?

우리나라에는 왜 저커버그가 없을까?

Move fast and break things

청소년을 위한
창업 교실

글 문성철 | 그림 이애영

책읽는귀족

"그렇다니깐. 사업을 해본 사람이라면 누구나 알거든.
아이템과 전략은 언제든지 변할 수 있다는 걸 말이야.
중요한 건 사람이지. 드림팀만 있다면
어떤 제품이나 서비스를 만들어도 성공시킬 수 있거든."

창업 분야에도
방탄소년단이 나오기를!

우리나라에는 왜 저커버그가 없을까? 어느 날 문득 이 질문을 던지다가 결국 이 책을 쓰게 됐다. 꿈, 끼 그리고 깡 어느것 하나 부족한 게 없는 한국 청소년인데 신기하게도 창업 분야에만 이른바 '글로벌 스타'가 없다. 방탄소년단, 김연아, 비보이 등이 세계를 꽉 잡고 있는 거랑 비교된다. 스포츠나 연예 분야에서는 어린 나이에 크게 성공하는 한국인이 많은데, 왜 유독 창업 분야에는 그런 사람이 없을까?

아무리 생각해봐도 이상하다. 우리나라 경제 규모로 보나, 교육에 대한 열정으로 보나, 인재 수준으로 보나 날고뛰는 청년 기업가가 많아야 정상이다. 하지만 현실은 정반대다. 눈 씻고 찾아봐도 스타 창업가를 찾을 수가 없다. 최근 스타트업 붐으로 패기 넘치는 젊은 창업자가 늘고 있다지만 미국, 이스라엘 등에 비하면 우리나라 상황은 '청년 창업가의 무덤'이라고 말해도 지나치지 않을 정도다.

아이들 역량이 부족해서가 아니다. 체계적인 창업 교육이 없어서 그런 거다. 창업가를 많이 배출하는 국가는 학생들에게 도전정신과 경영을 어렸을 때부터 차근차근 가르친다. 교육 과정에 실용적인 경영 수업이 넘쳐나고, 성공한 기업가들이 멘토를 자청하며 실전 창업 노하우를 가르쳐준다. 평범한 청소년도 자연스럽게 세계적 기업가로 성장할 수 있는 교육 문화가 형성되어 있는 거다.

반면, 한국의 많은 창업가는 좌충우돌하며 혼자서 경영을 배워야만 한다. 직접 하나하나 해보면서 말이다. 이제까지 어른들이 겪어왔던 시행착오를 또다시 우리 아이들에게 물려줘선 안 된다. 언제까지 전문적인 경험 없이 창업과 폐업을 되풀이하는 도돌이표를 찍을 것인가. 그건 우리 세대까지다.

이 책은 자라나는 청소년이 조금 더 빨리 창업 지혜를 터득할 수 있게 되길 기대하며 만들었다. 내가 20년 동안 배운 창업 지혜를 학창시절 때 배울 수 있도록 말이다. 한 사람의 꿈과 인생이 걸린 만큼 기업가, 투자자 그리고 경영학 교수님과도 많은 이야기를 나누며 글을 썼다.

누구나 창업가로 성공할 수 있다. 실질적인 훈련만 잘 받는다면, 어떤 사람이라도 훌륭한 기업가로 성장할 수 있다. 이 책은 그간 아무도 이야기해 주지 않았던 창업에 대해 알맹이 정보만을 골라 전해준다. 현실에서 바로 써먹을 수 있는 진짜 창업 이야기 말이다. 형식은 청소년 눈높이에 맞게 소설식 구성을 취했다.

이 책을 재미있게 읽은 우리 청소년들이 창업에 대해 마음의 벽을 허물길 바란다. 창업이 머나먼 남의 나라 이야기도 아니며, 꼭 어른이 되어서 생각해야 할 문제도 아니란 걸 말이다. 그래야 우리도 국화빵같이 찍어낸 듯한 장래희망이 아니라, 다양한 꿈을 꾸는 청소년을 만나볼 수 있을 거다.

이 책이 길잡이가 되어 우리 아이들의 소중한 시간을 아껴 줄 수 있게 되길 진심으로 소망한다.

백양로를 거닐며
2019년 5월
문성철

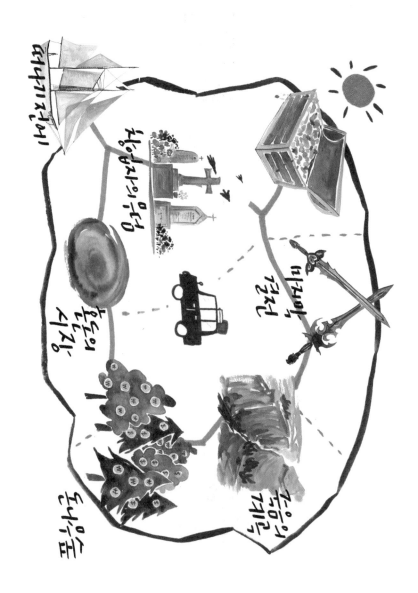

차례

"

꿈, 끼 그리고 깡 어느 것 하나 부족한 게 없는
한국 청소년인데 신기하게도 창업 분야에만
이른바 '글로벌 스타'가 없다.
방탄소년단, 김연아, 비보이 등이
세계를 꽉 잡고 있는 거랑 비교된다.

스포츠나 연예 분야에서는
어린 나이에 크게 성공하는 한국인이 많은데,
왜 유독 창업 분야에는 그런 사람이 없을까?

START
길을 잃어야
진짜 여행이지

"찾았다! 너도 벌써 20살이네."

고등학교 때 썼던 다이어리를 찾으려 집을 뒤엎었다. 한 번쯤 다시 읽어보고 싶었다.

사업하는 내내 시간에 쫓겼다. 내가 잘하고 있나, 올바른 방향으로 가고 있나 잠시 뒤돌아보고 싶어도 그럴 마음의 여유가 없었다. 더 늦기 전에 큰맘 먹고 날을 잡았다.

5년 동안 하얗게 불태웠다. 아니 완전히 다 타버렸다. 마음도. 몸도. 체력은 바닥났고 강철 같았던 꿈과 목표는 이제 깨지기 일보 직전이다. 사업은 어찌어찌 굴러가곤 있지만, 한편으론 내가 힘들어서 못 해 먹겠단 생각도 든다. 가족도, 직원도, 거래처도 날 철석같이 믿고 있는데……. 내가 만약 포기해 버리면 어떻게 되는 걸까. 꿈속에서도 잠을 이루지 못했다.

머리도 식힐 겸 1박 2일로 강원도 여행을 준비했다. 짐을 싸면서 제일 먼저 챙긴 게 다이어리였다. 사업에 지칠 때면 종종 18살 때로 돌아가고 싶단 생각을 했다. 피가 끓어오르고, 무엇이든 꿈꿀 수 있는 나이. 지금의 경험과 지혜를 가지고 과거로 갈 수 있다면 얼마나 좋을까. 쓸데없는 생각이다. 그냥 그때의 추억이라도 떠올려보고 싶어 다이어리를 가방에 넣었다.

단풍 여행을 떠나기에는 조금 이른 때다. 그래도 난 지금이 더 좋다. 가을 단풍이 절정일 때는 별로다. 관광객이 많은 것도 싫었지만, 그보단 화려함의 정점을 보고 싶지 않아서다. 인생도, 자연도 모두 오르막과 내리막이 있는 법. 절정에 도달하면 내려가야 한다. 수려한 단풍잎을 보고 있노라면 이제 곧 휑한 가지가 될 모습이 눈앞에 아른거렸다. 미래의 내 모습을 보는 것 같아 괜히 심란했다.

사업가 마음 한구석에는 늘 이런 생각이 있다. 성공의 정점에 있어도 본능적으로 두려움을 느낀다. 제아무리 튼튼한 회사라도 언제든지 무너져 내릴 수 있단 걸 알기 때문이다. 애써 개척해놓은 시장을 새로운 경쟁자가 송두리째 뺏어갈 수도 있고, 예상치 못한 기술이 등장해 내가 속해 있는 산업 자체가 쥐도 새도 모르게 사라져 버릴 수도 있다.

그만. 그만. 그만! 생각 그만하고 여행이나 즐기자. 어떻게 만든 시간인데. 순간에 집중하자.

흐음. 설악산 입구에 들어서자 촉촉한 흙 내음에 머리가 맑아졌다. 얼마 만에 맡아보는 향기인가. 진한 수분이 느껴졌다. 설마 비가 오는 건 아니겠지.

생각을 뒤로하고 발걸음을 뗐다. 몇 년 만에 등산하려니 죽을 맛이었다. 20대 때만 해도 이 정도 산에 오르는 건 일도 아니었는데. 산 중턱도 못 왔는데 다리가 후들거렸다. 38살이면 그렇게 많은 나이도 아닌데. 이게 다 사업한답시고 몸을 막 굴려서다. 끼니도 거르면서 일했으니 체력이 남아있을 리가 없다.

얼마나 올라갔을까. 뚝뚝. 빗방울이 떨어졌다. 가을에 웬 비야. 되는 일이 없네. 그러고 보니 언제부터인가 날씨가 이상해졌다. 어렸을 땐 사계절이 분명했다. 봄, 여름, 가을, 겨울이 약속이라도 한 것처럼 예측할 수 있게 찾아왔다. 그런데 어느 순간부터 온난화 때문인 건지, 지구가 병이 든 건지 날씨가 제멋대로다.

큰일이네. 우비도 안 가지고 왔는데. 다시 내려가야 하나 고민하던 찰나, 비가 거세졌다. 어쩔 수 없이 등산로를 이탈해

절벽처럼 깎아진 한쪽 흙더미에 몸을 기댔다. 벽에 붙으면 비를 덜 맞을 것 같아서 몸을 뒤로 밀착시키는데 나뭇가지가 뒤로 쑥 들어갔다. 나뭇잎 더미를 헤쳐보니 작은 동굴이 있었다. 머리를 숙여 간신히 안으로 들어갔다.

특이한 동굴이네. 설악산 등반은 이번이 처음이 아니었다. 수학여행 때 한 번, 대학교 때 데이트하면서 한 번 그리고 오늘까지 합쳐 세 번째였다. 그런데 이런 동굴이 있는지는 몰랐다.

이곳은 어디일까?

✽ 동굴에서 시원하게 쏟아지는 비를 보고 있노라니 오만 잡생각이 떠올랐다. 쓸쓸한 마음에 가방에서 다이어리를 꺼냈다.

첫 장을 넘기려는 찰나였다. 표지에 따사로운 햇볕 한 줄기가 보였다. 이상하다 싶어 뒤를 돌아봤다. 동굴 끝에 구멍이라도 난 것처럼 한 줄기 빛이 새어 들어왔다. 지금 내 눈앞에는 비가 억세게 오는데. 귀신이 곡할 노릇이다.

어떻게 된 건가 싶어 빛을 쫓아 동굴 안으로 들어갔다. 처음에는 다소 무서웠는데, 계속 걸어가다 보니 빛이 점점 밝아져 별로 안 무서웠다. 동굴도 조금씩 커지고.

얼마나 걸었을까. 동굴 천장은 내가 목을 젖혀야 보일 정도로 높아졌다. 신기해서 한참을 두리번거리는데 동굴 밖으로 태양이 보였다. 햇빛이 어찌나 강렬한지 눈을 뜰 수가 없었다. 강한 광선에 겨우 적응돼 눈을 떠보니 눈앞에 커다란 운동장이 보였다.

이상하네. 분명 비가 오고 있었는데. 여긴 산 반대편이라 그런 건가. 낯이 익기도 한데…… 여긴 대체 어디지?

등 뒤에서 빗소리도 안 들렸다. 이상해서 고개를 돌려보니 동굴이 보이질 않았다. 어떻게 된 거지. 생각할 틈도 없이 날카로운 바람 소리와 함께 무언가 강한 물체가 내 뒤통수를 때렸다. 이건 또 뭐야. 축구공이잖아.

"아저씨, 괜찮으세요? 죄송해요."

공을 가지러 온 남학생이 내게 말을 걸었다.

"어, 괜찮아. 근데 여긴 어디니?"

"네?"

"아저씨가 길을 잃었어. 비가 와서 동굴로 들어왔는데 혼란스럽네. 그러니깐 아저씨 말은 이곳이 어디야?"

"여긴 '경덕초등학교'예요."

"그렇구나."

"괜찮으신 거죠?"

"조금 욱신거리는데 괜찮아. 아저씨 고향에도 '경덕'이란 이름을 가진 학교가 있었는데, 강원도에도 똑같은 이름을 가진 학교가 있었구나."

"무슨 소리 하시는 거예요? 여긴 청주예요. 가경동이요. 전 이만 가볼게요."

청주라고? 그러고 보니 익숙한 운동장이었다. 내가 고등학교 시절 주말마다 운동했던 곳이랑 똑같았다. 어떻게 된 건지 영문을 모르겠네. 일단 걸어보자.

혹시나 하는 마음에 기억을 더듬어 학창시절 자주 가곤 했던 마트 쪽으로 걸어갔다. 말도 안 되는 이야기지만 이곳이 내 고향, 청주라면 마트도 있을 거다.

어라? 어떻게 된 거지. 마트가 진짜 있네. 설마 사장님도 그대로인 건 아니겠지. 난 다급하게 가게 문을 열었다. 맙소사!

"사장님, 안녕하세요. 오랜만이에요! 저 알아보시겠어요?"

"......"

"인사도 못 드렸네요. 서울로 올라갈 때 마지막으로 뵀으니

딱 18년 만이네요. 잘 지내셨죠? 예나 지금이나 똑같으시네요."

"근데 누구신가요?"

"저랑 똑같은 수첩을 쓰시네요"

　　　　　　✱ 반가운 마음에 길을 잃어버렸단 사실도 잊어버렸다. 난 다시 말을 이어갔다.

"세월이 많이 흘렀죠. 제 얼굴이 완전히 맛이 갔죠? 저예요. 주말마다 제가 여기서 이것저것 엄청 사 먹었잖아요. 아저씨가 저보고 탄산음료 많이 먹으면 건강에 안 좋다고 맨날 잔소리하셨잖아요. 기억 안 나세요? 가끔 돈 없으면 장부에 적어놓고 외상으로 사 갔는데. 프라자 아파트 103동 1207호로요. 사장님은 하나도 안 늙으셨네요!"

"아, 아! 닮은 거 같긴 한데 누구시죠? 성철이 형이신가요? 형이 있단 얘기는 한 번도 못 들었는데."

"아저씨도 참! 저예요. 제가 성철이에요."

"별 미친 사람을 다 보겠네. 나가요, 나가! 참나. 애들 이름

팔아서 빵 쪼가리 사기 처먹으려는 거요? 경찰에 신고하기 전에 빨리 나가요!"

어떻게 된 거지. 성철이 형은 또 무슨 말이야.

잠깐만. 생각을 정리해보자. 그러니깐 사장님 말은 이곳에 내가 아닌, 또 다른 성철이가 온다는 거잖아. 마트 사장님을 보니 여기가 청주인 건 분명한 거 같은데.

만약 이 모든 게 진실이라면 성철이가 나타나겠지. 마트 사장님이 얘기한 성철이를 만나보면 지금 무슨 일이 일어나고 있는 건지 뭔가 단서를 찾을 수 있을 거야. 뭐, 밑져야 본전이니깐 기다려보자.

추억도 되새길 겸, 예전에 자주 갔던 벤치로 향했다. 하나도 안 바뀌었네. 여기 앉아서 책도 보고 상상도 하고 그랬는데.

맞다, 다이어리! 작은 실마리라도 붙잡고 싶은 마음에 일기장을 꺼냈다. 한 장, 두 장 넘기면서 읽어보려는데 잠이 쏟아졌다. 안 하던 등산을 무리하게 해서였을까. 눈이 스르르 감겼다. 이러면 안 되는데. 돌아가는 길을 찾아야 하는데.

"아저씨, 다이어리 떨어졌어요. 저랑 똑같은 수첩을 쓰시네요. 여기 있어요."

"예, 예. 감사합니다."

한 소년이 건넨 말에 잠에서 깼다. 잠깐 졸았나 보다. 정신을 차리고 앞에 있는 소년의 얼굴을 바라봤다.

"넌……, 넌……. 나잖아. 이게 어떻게 된 거야?"

"네?"

소년도 처음에는 황당해하더니 이내 표정이 굳었다. 그도 그럴 것이 내가 비록 살이 찌고 피부 빛이 어두워지긴 했지만, 누가 봐도 우리 둘은 서로 똑 닮았다. 먼저 입을 연 건 나였다.

"미안해. 목소리 높여서. 혹시 이름이 뭐야?"

"문성철이라고 해요. 이상하네요. 저랑 똑같은 다이어리를 쓰시는 것도. 외모도. 그리고 여기 있으신 것도. 이곳 벤치는 사람들이 잘 모르는데……."

"여긴 나만의 아지트야. 난 이곳을 좋아했어. 저녁노을이 질 때면 따뜻한 햇볕을 쬘 수 있거든."

"그걸 어떻게 아시죠? 아저씨는 누군가요……?"

"믿기지 않겠지만 나도 문성철이란다. 이제 기억이 나. 넌 18살 때의 나야. 젊은 시절 모습 그대로네. 어떻게 이럴 수 있지. 혹시 오늘이 며칠이니?"

"오늘은 1998년 9월 15일이에요."

"맙소사! 내가 과거로 왔잖아."

"아침마다 어떤 옷을 입고 출근할지,
뭘 먹을지 고민하는 시간이 아깝다.
내 인생에서 사소한 것들에 내 에너지를 소비하면
나는 내가 할 일을 하지 않는 것처럼 느낀다.
나는 최고의 제품과 서비스를 구축하고,
지역사회에 봉사하기 위한 최고의 방법을 찾기 위해
내 모든 에너지를 바치고 싶다."

– 마크 저커버그

"인생은 결국, 습관이다.
그러므로 어떤 습관을 내 것으로 만드느냐가
인생 최대의 관건이다."

– 빌 게이츠

"지금은 '페이스북'이 없지…….
그러니깐 아저씨가 사는 세상에 있는
소셜 네트워크 서비스(Social Network Service)를 만든 사람이야.
사람들끼리 서로 일상을 나누고,
네트워크도 넓힐 수 있게 도와주는 인터넷 서비스야.

창업자 마크 저커버그는 대학교 때 회사를 창업했어.
그리곤 세계 최고 부자가 됐지.
입지전적인 인물이야."

Stage 1
떠나기 전에

창업 권하는 사회

그래! 다이어리! 성급히 일기장을 펼쳐봤다. 1998년 9월 15일 이후로 적었던 내용이 보이질 않았다. 과거로 오면서, 그러니깐 지금, 이 순간으로 오면서 모두 지워졌나 보다. 오늘 날짜가 적힌 페이지에는 '창업이나 해볼까……?'라고 적혀있었다.

맞아. 내가 본격적으로 창업 고민을 시작했던 때가 바로 오늘이었지.

옛날 생각이 나서 소년에게 물었다.

"넌 오늘 창업에 대해서 생각을 정리하려고 여기 온 거야.

그렇지?"

"네."

소년은 의심을 거두지 않았다. 내 스타일이다. 난 지금도 신뢰하지 못하는 사람을 만나면 말을 길게 하지 않는다. 지금 저 녀석은 날 믿지 못하는 거다. 하긴 이 상황을 어떻게 믿을 수 있겠는가.

"아저씨가 이상해 보이지? 그래도 못 이기는 척 한번 믿어봐. 어쩌면 우리 인생. 그러니깐 네 인생이 바뀔 기회일지도 모르잖아."

"……."

"잘 생각해봐. 내가 창업에 대한 지혜를 너에게 가르쳐준다면 넌 마크 저커버그 같은 사람이 될 수 있을지도 몰라."

"마크 저커버그요? 그게 누구죠?"

"지금은 '페이스북'이 없지……. 그러니깐 아저씨가 사는 세상에 있는 소셜 네트워크 서비스(Social Network Service)를 만든 사람이야. 사람들끼리 서로 일상을 나누고, 네트워크도 넓힐 수 있게 도와주는 인터넷 서비스야. 창업자 마크 저커버그는 대학교 때 회사를 창업했어. 그리곤 세계 최고 부자가 됐지. 입지전적인 인물이야."

"대학교 때 창업을 했다고요? 대단하네요."

녀석 표정을 보니 이제 좀 관심이 생겼나 보다. 기회를 놓치지 말아야지.

"오늘 무슨 생각을 정리하려고 여기 온 거야?"

"……."

고집 센 건 여전하네.

"아저씨도 너만큼 혼란스러워. 내가 사는 시간. 그러니깐 너한테는 미래고, 나한테는 현재인 곳으로 어떻게 돌아가야 할지 막막해. 무섭기도 하고. 그런데 한편으로는 설레기도 해. 하늘이 주신 기회가 아닌가 하는 생각이 들어서."

"죄송한데, 그쪽 도움은 필요 없어요. 저 혼자서도 충분히 성공할 수 있고요."

"잘났다, 잘났어. 그러니깐 실패하지. 어디 한번 네 멋대로 해봐. 네가 잘 모르고 하는 소리 같은데, 넌 첫 번째 창업에서 실패해. 그걸 또 반복하고 싶은가 보네."

"제가 실패한다고요?"

"철저하게 무너지지."

"아저씨가 뭘 안다고 그래요! 불쌍해서 도와주려 했더니 안 되겠네요."

순간, 귀에서 빗소리가 들렸다. 어떻게 된 거지.

"잠깐만, 잠깐만. 무슨 소리 못 들었어?"

"이 아저씨가 진짜 미쳤나! 전 갑니다, 참나."

소년은 날 뿌리치고 가버렸다. 지금 잡아봐야 소용없다. 괜히 싸움만 커질 거다. 그리고 내심 다시 돌아올 거란 믿음도 있었다. 난 누구보다 녀석을 잘 안다. 순간적으로 화를 내고 갔지만, 분명 다시 올 거다. 꺼림칙한 걸 못 견디는 성격이니깐.

왜 모두 공무원인가?

✽ 머릿속으로 차분하게 해야 할 말을 정리했다. 예상은 틀리지 않았다. 녀석은 눈에 잔뜩 힘을 주고 걸어왔다. 그리곤 따지듯이 물었다.

"저에게는 분명한 계획이 있어요. 꿈을 이루기 위해서 공부도 열심히 하고 있죠. 시간을 허비하지 않으려고 버스 안에서도 영어 단어를 외운다고요. 제가 실패한다는 건 절대 있을 수 없는 일이에요."

"그래? 그럼 너의 계획을 설명해봐."

우리나라에는 왜 저커버그가 없을까?

"20대 때에는 먼저 공무원이 될 거예요. 어떤 공무원 시험을 볼지 아직 구체적으로 정하지는 않았지만, 최대한 빨리 합격할 거예요. 그리고 생활이 안정되면 그때부터 아이템을 조사해서……."

"잠깐만. 더 들어볼 필요도 없을 것 같은데?"

내가 녀석의 말을 잘라버렸다.

"공무원이 되려는 이유가 뭐야? 아까는 창업에 관심 있다며."

"물론이죠. 창업을 꼭 해보고 싶어요. 그런데 과정이란 게 있잖아요. 그래서 공무원을 하면서 시간을 벌려는 거죠."

"그래, 틀린 말은 아니네. 그럼 다시 물을게. 네가 만약 다시 태어나서 똑같은 삶을 영원히 반복적으로 살아야 한다면 그래도 공무원이 되고 싶니? 아저씨가 궁금한 건 네 마음이, 네 생각이 진정으로 공무원을 갈망하느냐는 거야."

"……."

"봐, 아니잖아! 그러면서 왜 공무원 시험을 준비하는 거지?"

"안정적인 직업이잖아요. 부모님에게도, 친구에게도 인정받을 수 있고요. 게다가 은퇴하면 공무원 연금도 받을 수 있고요."

"질문에 답을 못하고 있는 것 같은데. 공무원이 되려는 근본적인 이유가 뭐야?"

"방금 말씀드렸잖아요."

소년이 짜증 섞인 표정으로 날 쏘아봤다. 나도 눈에 힘을 주고 반박했다.

"그건 공무원이 되면 좋은 점이지. 왜 공무원이 되어야만 하는지, 넌 전혀 대답하지 못하고 있어. 예를 들어서 네가 정의를 구현하는 일을 하고 싶어서 경찰이 되고 싶다고 말했다면 난 받아들일 수 있겠어. 목적의식이 분명한 거니깐. 그런데 넌 이런 이유가 없어. 엄밀하게 말하면 네 생각도 아니지."

"그거야……."

"넌 그저 주변에서 '공무원이 최고다'라는 말만 듣고, 사회 분위기에 휩쓸려서 네 진로에 억지로 공무원을 넣은 거뿐이야. 전형적으로 실패하는 사고방식이지. 스스로 깊게 생각해보지 않고, 남들이 하니깐 나도 한다는 생각 말이야."

"……."

"내 말이 틀렸니? 아저씨가 첫 번째 사업에서 실패했던 이유도 그 때문이었어. 적성을 잘 몰랐거든. 아무런 비전도 없이 세상의 성공, 기준만을 좇았지."

소년은 눈을 이리저리 굴렸다. 안 들어봐도 무슨 생각을 하고 있는지 뻔하다. 분명 날 깔아뭉갤 질문을 찾고 있을 거다. 아니나 다를까, 녀석은 안경을 치켜 올리며 목에 힘주어 말했다.

"그렇다고 치죠. 그래서 아저씨는 성공했나요? 말씀하셨던 것처럼 페이스북 같은 회사를 만들어보셨나요?"

"안 그래도 그 질문을 할 거라고 예상했다. 그건 선택에 달려있어. 나는 너의 미래야. 네가 하는 행동이 내 모습, 그러니깐 너의 미래를 바꿀 거야. 거지가 될 수도 있고, 세계적인 창업가로 성장할 수도 있겠지. 네 자존심을 긁으려고 했던 말이 아니야. 너만 그런 게 아니라 많은 사람이 그래. 자신이 뭘 원하는지 깊게 고민해보지도 않고 창업부터 해. 그리곤 방황하고 고통받지. 이 얘기를 해주고 싶었어. 아저씨가 사업하는 내내 과거로 돌아갈 수 있다면 소년 문성철에게 꼭 해주고 싶었던 말이거든."

"……"

"어떻게 이런 만남이 이루어졌는지 모르겠다만, 분명한 건 이 순간이 네 인생을 바꿀 기회란 거야. 우리 한번 해보자. 막말로 손해 볼 건 없잖아. 응?"

"……"

침묵이 이어졌다. 한 발짝 떨어져서 녀석을 내버려 뒀다. 저럴 땐 건드리면 안 된다. 생각을 정리 중이니, 어떤 식으로든 결론이 나면 얘기할 거다.

소년은 머리를 긁적이더니 입을 열었다.

"공격적으로 말씀드려서 죄송해요. 안 그래야지 하는데, 뭔가 의심이 갈 때는 무섭게 따지는 버릇이 있어요."

"아냐. 나라도 그랬을 거야. 그리고 그건 나쁜 버릇이 아니야. 장점이지. 믿어줘서 고마워. 머리도 식힐 겸 잠깐 걸을까?"

자영업 공화국이 돼버린 대한민국

✱ 우린 상가 건물 쪽으로 걸어갔다. 얼마나 걸었을까. 가게들이 보였다. 상가 1층에는 부동산 중개 사무실이 있었고, 편의점과 치킨집이 보였다. 기분이 묘했다.

"똑같네, 똑같아. 예나 지금이나 상가 모습은 변함이 없네. 치킨집이랑 편의점뿐이네."

"미래에도 지금과 비슷한 모습인가요? 통닭집이랑 슈퍼가

1998년

2018년

달라진게 없다...

많은가요?"

"응, 놀라지 마. 자그마치 560만 명이야. 20년 뒤 자영업자 수 말이야. 말 그대로 '자영업 공화국'이지. 길을 걷다 보면 치킨집이랑 편의점밖에 안 보여."

"설마……. 말도 안 돼요! 그럼 장사가 되겠어요? 똑같은 가게만 있을 리가 없죠."

"믿기지 않겠지만 현실이야. 내가 사는 곳에서 자영업자 사장님은 벼랑 끝에 내몰려 있어. 하루하루를 힘겹게 버티고 있어. 그런데 더 심각한 건 2017년에만 115만 개의 가게가 또 새로 문을 열었다는 거야. 가게가 넘쳐나다 보니 폐업하는 가게도 엄청나. 83만 명 정도가 같은 해에 사업을 정리했어."

"네? 이해가 안 가네요. 왜 모두 치킨집과 편의점만 창업하나요? 그런 상황이라면 뭔가 다른 걸 해야 하는 거 아닌가요?"

"그치. 앞으로 창업을 고민할 때마다 그런 문제의식을 놓치면 안 돼. 바람직한 사고방식이야."

"얼결에 칭찬받았네요. 기분이 묘하네요. 미래의 나에게 칭찬을 받다니. 분명한 건, 진심이겠죠? 여기까지 와서 거짓말을 할 이유는 없으니."

"감동적이네. 너한테 그런 말을 듣고."

"방심하지 마세요. 아저씨를 완벽하게 믿지는 않으니깐요. 아직은요."

녀석이 어색한 웃음을 지었다.

"그래. 다시 본론으로 돌아와서 왜 똑같은 창업 형태가 20년 동안이나 반복되는 걸까? 그 전에 재미있는 사실 한 가지를 말해줄게. 치킨집이나 편의점을 창업하는 사장님 중에는 훌륭한 학력과 직업을 가지고 계신 분이 많아. 소위 말하는 명문대를 졸업하고, 대기업에서 근무하셨던 분들이지."

"그런 분들은 경력을 살려서 전문 분야에서 창업해야 하는 거 아닌가요?"

"이상하지? 더 이상한 건 대학생이나 사회초년생도 또 치킨집을 창업해."

"청년들이 기존 사업을 답습하는 것도 납득이 안 가네요. 왜 모두가 통닭집을 창업하죠?"

"내가 하고 싶은 말이야. 오해하진 말고. 치킨집도 좋은 사업이야. 그리고 통닭 장사를 한다고 해서 도전적이지 않다거나 무능하다는 말도 아니고. 외식업에서 사명감을 가지고 일하시는 분도 많아. 내가 강조하고 싶었던 건 우리 눈 앞에 펼쳐진 사회 현상을 비판적으로 분석해보는 일이 필요하다는 거

우리나라에는 왜 저커버그가 없을까?

야. 사회 문제를 객관적으로 바라볼 수 있어야 너만의 주관을 가질 수 있거든. 사람들이 머리로는 알면서도 막상 현실을 마주하면 사회 흐름을 맹목적으로 따라가 버려. 그게 안전해 보이거든. 다른 사람들이 다 하니깐 나도 따라 하는 거지. 그렇게 하면 심리적으로 안도감이 들거든."

"저도 그랬어요. 제가 사실 공무원이 되고 싶었던 건, 다른 사람이 다 좋다고 해서였거든요."

"솔직하게 말해줘서 고마워."

"뭘요."

"그런데 만약 모두가 공무원이 되고자 한다면 미래에는 어떤 모습이 펼쳐질까?"

"글쎄요. 인재들이 전부 공무원만 되려고 하면 사회가 정체되지 않을까요? 나라가 발전하려면 과학자도 필요하고, 기업가도 필요하잖아요."

"정확한 지적이야. 세계 3대 투자가 중의 한 명으로 알려진 짐 로저스 홀딩스 회장도 그 점을 따끔하게 꼬집었어. 공무원이 되어 안정된 삶을 살기만을 원하는 한국 젊은이들의 태도에 실망했다고. 사회 전체의 역동성이 떨어지면서 국가 경쟁력이 하락할 것을 우려하고 있어. 청년들이 새로운 가치를 만들어내는 일들, 예컨대 기업가, 과학자 등에 도전하는 걸 기피한다면 한국의 미래는 어두울 거라고 말했지."

"맞는 말이긴 한데 마냥 학생들만 탓할 수 없는 게, 그런 내용을 학교에서는 안 가르쳐 주잖아요. 전 마크 저커버그 같은 사례도 아저씨한테 오늘 처음 들었어요. 창업에 대해 재미있고, 알찬 교육을 받았다면 공무원에 관해 관심을 안 가졌을 수도 있겠죠."

"……."

입시 교육에 함몰된 교육 문화를 어디서부터, 어떻게 설명해야 할지 막막했다. 그래, 그냥 솔직하게 대답해주자. 내가 판단하지 말자.

"맞아. 네가 앞으로 살아가야 할 대한민국에서 창업가로 산다는 건 만만치 않은 일이야. 예를 들어볼까? 학교에서 창업이나 기업가 정신에 대해서 깊게 아니, 1시간이라도 제대로 배워본 적이 있니?"

"당연히 없죠."

"바로 그거야. 미국, 이스라엘 등 걸출한 기업가를 많이 배출한 사회에서는 창업가를 육성하기 위해서 국가 차원에서 큰 노력을 기울여. 학교에도 창업 교육 과정이 체계적으로 설계

돼있지. 사회 분위기도 창업가를 영웅시하고 존중하는 분위기야. 쉽게 말해서, 공부 제일 잘하는 애들이 가장 선호하는 직업이 창업가인 거지. 이스라엘 얘기를 해줄게."

"네."

"이스라엘을 건국한 유대인이 똑똑하단 건 잘 알지? 많이 들어봤을 거야. 그런데 이들이 왜 이렇게 경제, 학문 분야 등에서 뛰어난 실력을 발휘할까?"

"글쎄요. 깊게는 생각 안 해봤어요. 계속 도전적으로 살아와서 그런 거 아닐까요?"

"내가 좀 더 자세하게 설명해줄게. 한국을 얘기할 때 '빨리 빨리' 문화를 빼놓고 논할 수 없는 것처럼, 이스라엘을 이해하려면 '후츠파' 정신을 이해해야 해."

"후츠파요?"

"응. 히브리어로 '뻔뻔하다'는 뜻이야."

"뻔뻔하다고요? 재밌네요."

"이스라엘 특유의 도전정신을 뜻하는 거야. 마인드 자체가 남달라. 한국 부모는 학교 다녀온 아이에게 '오늘 무엇을 배웠니?'라고 묻지? 이스라엘에서는 '오늘 무슨 질문을 했니?'라고 물어. 어떤 상황에서도 능동적이고 주체적으로 행동할 것을 요구하지. 성인이 되는 시점도 우리와 달라. 유대인은 만 13세부터 아이를 성인으로 대우해줘. 그 전부터 책임 있는 성인으로 살아갈 수 있도록 다양한 교육을 해주는 건 물론이고."

"놀랍네요."

"하이라이트는 성인식이야. 유대인은 성인식을 치르고 나면 5천만 원 내외의 금액을 받는다고 해."

"네? 중학생 때 5천만 원을 받는다고요?"

"응. 그 돈을 쓰는 게 아니라, 미래를 준비하는 데 사용해. 이른바 '재테크'를 하는 거지. 경제 관념을 키우면서 주도적으로 미래를 개척해. 본격적으로 사회생활을 시작하는 20대가 될 때쯤엔 1억 원 정도의 종잣돈을 가지고 있어. 이 돈으로 공부를 하거나 창업을 하는 거지."

"유대인 중에 위대한 창업자가 많은 건 우연이 아니었네요."

"그래. 하지만 한국 사회는 그렇지 않아. 기업가 마인드를 학교에서 배우기도 어렵거니와, 사회 분위기도 창업보단 안정적인 공무원을 선호하지. 통계청에서 내놓은 〈2017년 사회조사 결과 보고서〉에 따르면, 13~29세 청년층이 가장 선호하는 직장이 국가기관과 공기업이라고 나와. 이 둘을 합치면 대략 45%야. 청년 100명 중에서 45명이 공무원을 꿈꾼다는 말이지."

"거의 절반 수준이네요."

"공무원을 꿈꾸는 게 잘못된 거란 말은 아니야. 시민을 위해 헌신하는 공무원도 우리 사회가 발전하는 데 꼭 필요한 사람이야. 소명 의식을 갖고 일하는 공무원도 많고. 그런데 문제는 대다수 학생이 자신의 적성이나 꿈에 대해서 깊게 생각해보지도 않고 안정적이라는 이유만으로 공무원이 되려 한다는 점이야."

"저처럼요."

"하하! 은근 뒤끝 있네. 네가 그렇다는 게 아니고. 여튼, 진취적인 벤처기업에서 일하고 싶어 하는 사람은 3%도 안 돼. 이런 분위기 속에서 창업할 거라고 감히 말을 꺼낼 수가 없지."

"제 주변 상황이 딱 그래요."

"그래서 네 생각을 단단하게 하는 게 중요해. 그래야 사회 분위기에 휩쓸리지 않고 너만의 길을 만들 수 있어. 네 적성과 삶의 목적 등을 충분히 고민해야 하는 이유야. 안 그러면 결정을 해야 하는 순간마다 흔들리거든."

"동감해요. 사실 저도 매일 생각이 흔들려요. 이 길도 맞는 것 같고, 저 길도 맞는 것 같아서요. 어디로 가야 할지 혼란스러울 때가 많아요. 물어볼 때도 없고요."

우리나라에는 왜 저커버그가 없을까?

나에겐
어떤 끼가 있을까?

닮아서였을까. 우린 금방 서로에게 익숙해졌다. 녀석이 사
뭇 진지한 표정으로 내게 물었다.

"그런데 솔직히 말씀드리면 하고 싶은 게 없어요. 제가 뭘
좋아하는지, 잘하는지도 모르겠어요."

"어렵지. 아저씨도 그랬어. 심지어 아저씨는 35살이 돼서야
깨달았어. 내가 진정으로 하고 싶은 일 말이야."

"오랜 시간을 허비하셨네요."

"……."

순간, 대답을 못 했다. 나도 한때 시간을 헛되이 보냈다고

생각한 적이 있었으니깐. 하지만 아니었다.

"중학생 때부터 진지하게 고민했으니까 시간으로만 보면 거의 20년이지. 하지만 이 시간이 무의미했던 건 아니야. 겪어야 할 일들을 모두 통과해왔기 때문에 비로소 가슴 벅찬 일을 찾을 수 있었던 거지. 이런 순간은 사람마다 모두 달라. 빌 게이츠처럼 고등학교 시절부터 두각을 나타낸 사람도 있고, KFC 할아버지처럼 60살이 넘어서 소명을 발견한 사람도 있지. 언제 찾았냐가 중요한 게 아니야."

"그건 처음 알았네요. 그래도 이왕이면 빌 게이츠처럼 빨리 적성을 발견하면 좋잖아요. 아! 그러고 보니 좋은 방법이 있네요. 아저씨가 제 적성을 알려줘요. 그러면 제가, 그러니깐 아저씨도 더 빨리 성공할 수 있잖아요."

"……."

흔들렸다. 나도 똑같은 생각을 했다. 내가 힘들게 발견한 내 꿈, 미래에 성공할 아이템 등을 이 친구에게 모두 알려주면 내 인생이 영화처럼 바뀌지 않을까 해서. 그래도 이건 아니었다.

"과거로 왔다는 사실을 깨달았을 때, 나도 똑같이 생각했어."

"그럼 뭘 망설이세요. 빨리 알려주세요."

"그런데 말해주는 게 의미가 없어."

"무슨 소리예요. 아저씬 미래를 아시잖아요."

"들어봐. 경험해봐야 알 수 있는 것들이 있어. '맵다'라는 느낌을 아무리 말과 글로 상세하게 설명한들 한번 먹어보는 것만 못하지. 하물며 인생을 바꿀 지식과 지혜야! 이걸 말로 '다다다……' 너한테 얘기해주는 건 의미가 없어. 스스로 치열하게 생각해서 가슴으로 깨달아야 해."

"……."

소년은 시무룩한 표정을 지었다. 그래도 안 된다. 훈련되지 않은 선수에게 무기를 함부로 쥐여줄 순 없다. 다칠지도 모른다.

"우리 하나하나 공부해보자. 응?"

"어쩔 수 없죠. 과정이란 게 있는 거니깐."

"고마워, 이해해줘서."

"별말씀을요. 학교에서 진로 적성검사도 해보고, 직업 특강도 들어봤는데 뭔가 와 닿지 않았어요. 답답한 마음에 그랬어요. 아직도 제 적성이 뭔지 모르겠어요."

"그치. 막연하게 느껴지지? 선명하게 눈앞에 그려지지도 않고."

"네."

'나'라는 다면체 이해하기

✽ 시간이 걸려도 스스로 답을 찾을 수 있게 도와주고 싶었다.

"왜 어려울까?"

"글쎄요."

"완벽한 하나의 답을 찾고 있어서 그런 건 아닐까?"

"아저씨 말씀은 답이 여러 개란 뜻인가요?"

"그럴 수도 있고, 아닐 수도 있지."

"선문답하지 마세요. 듣기 싫어요."

"하하! 미안하다. 근데 진짜인데. 너를 한 단어로 정의한다면 뭐라고 답할래?"

"……."

"아저씨도 대답 못 해. 사람 마음이 복잡한데 어떻게 딱 한마디로 표현할 수 있겠어. 우주만큼 신비한 자신을 알아간다는 건 삼차 방정식보다 더 어려운 과제야. 학교에서 진로 적성검사 몇 번 하고, 선생님과 상담 한 번 한다고 해서 뚝딱 알 수 있는 게 아니야. 장님 코끼리 만지듯이 차근차근 단서를 찾아가야 해."

"그렇군요."

"초등학교 때 꿈이 뭐였어?"

"가수가 되고 싶었어요. 제 입으로 말하고도 부끄럽네요."

"왜 부끄럽지?"

"그땐 노래를 잘한다고 생각했는데 친구들이랑 노래방 갔다가 알아차렸어요. 제가 노래를 못한다는 걸요. 사실 뭐 이건 그리 중요한 건 아니고. 보다 본질적으로 제가 내향적인 사람이더라고요. 전 조용히 생각하는 걸 좋아해요. 그런 제가 잘 알지도 못하면서 가수가 되겠다고 말했으니 민망하죠."

본질이라……. 내가 지금도 좋아하는 단어인데, 이때부터 이런 단어를 썼구나.

"바로 그거야. 경험이 쌓이면서 너 스스로에 대한 이해가 깊어진 거지. 넌 지금 확신을 가지고 얘기했어. 가수의 길은 네가 추구해야 할 방향이 아니라고. 지금 같은 과정을 계속 거쳐야 해. 더듬더듬하면서 자신과 어울리지 않는 길을 하나씩 지워나가는 거지."

소년은 고개를 들어 올렸다가, 이내 되물었다.

"좋아하는 일을 찾는 것과 싫어하는 일을 지워나가는 건 다른 일이잖아요."

"그래. 네 말이 맞아. 아저씨는 나를 알아가는 수많은 방법 중, 하나를 애기한 거야. 그렇게 싫어하는 일을 지워나가다 보면 좋아하는 일의 범위도 상당히 좁혀져."

"어떤 말씀인지 알겠는데 조바심이 들어요. 다른 친구들을 보면 분명한 목표가 있는 것 같은데, 저만 없는 것 같아서요. 의대를 준비하는 친구부터, 법조인을 꿈꾸는 친구까지 전부 분초를 아끼면서 공부하는걸요? 그런 모습을 보고 있노라면 초조해져요. 저만 뒤처지는 것 같아서요. 뭔가 꿈을 정하고 빨리 달려야만 할 것 같은데……."

"아저씨도 똑같아. 매일 매일 생각을 정리하고 확신을 가졌다가도 또 마음이 흔들려."

"나이를 먹어도 똑같군요. 저만 그런 게 아니네요."

"그래, 사람이잖아. 어른이 돼도, 할아버지가 돼도 똑같아. 인간은 원래 불완전해. 조금 더 나은 사람이 되기 위해서 노력하는 게 중요한 거야. 아저씨도 내가 요즘 잘 살고 있나, 하는 의문이 들어서 오늘 등산을 온 거거든."

"웃자고 한 얘기에 왜 정색하고 그러세요."

"네가 할 소리는 아닌 것 같은데? 너도 사색에 골몰하잖아."

우린 서로를 바라보며 한바탕 웃었다. 나를 누구보다 잘 안다고 생각했는데, 20년 전의 내 모습을 보니 웃겼다. 나도 대화에 점점 더 빠져들었다.

"'너'라는 다면체를 온전히 이해하기 위해서는 끊임없이 노력해야 해. 그리고 네 나이 때는 조바심 갖지 않아도 돼."

"말이 쉽죠. 모의고사 성적 나와 봐요. 학교가 발칵 뒤집히잖아요. 이런 분위기에서 어떻게 마음이 편안하겠어요?"

"그치. 어렵다. 다르게 접근해보자. 너 혹시 외식 메뉴 정할 때 어떻게 정해?"

"네? 뜬금없이. 전단지도 살펴보고, 어디가 맛있는지 친구한테도 물어 보고 정하죠."

"시간이 어느 정도 걸려?"

"최소 10분 정도는 고민하죠. 그래야 맛있는 거 먹죠!"

"네 말을 정리해보면 1시간 동안 외식하기 위해서 10분, 그러니깐 외식 시간의 1/6 정도를 정보 탐색에 사용한 거잖아."

"당연한 거 아닌가요?"

"똑같은 방법으로 생각해보자. 40년 정도 할 일을 찾기 위해서 최소 6~7년 정도를 활용하는 건 자연스러운 거야."

"그러네요. 그러고 보니 우연의 일치인지는 모르겠는데, 중고등학교 기간이랑 똑같네요. 중학교가 3년이고, 고등학교가

3년이니깐요."

"네 나이 때는 많은 시행착오를 거치면서 올바른 길을 찾아야 해. 길을 걷는 것보다, 뛰는 것보다 길 자체를 발견하는 일이 훨씬 중요해. 청소년 때 겪는 일은 그게 어떤 결과를 만들어내든 실패라고 단정 지을 수 없어. 그냥 다양한 경험일 뿐이야. 한국에는 없지만, 유럽에는 '갭 이어(Gap year)'란 것도 있어. 학업을 잠시 중단하고 여행도 하고, 봉사활동도 하면서 흥미와 적성을 찾는 기간이지. 1~2년 동안 온전히 자신을 알아가는 시간을 가진 후에야 비로소 대학 전공을 선택해."

"학업을 중단한다고요? 그러니깐 학교를 안 다닌단 말이죠?"

"응. 학교를 벗어나 세상을 몸으로 느끼는 시간이야."

소년은 입을 삐죽 내밀었다. 하긴 나도 그땐 못 받아들였다. 다들 눈에 불을 켜고 공부하고 있는데, 나만 뒤처지는 것 같아서 싫었다. 하고 싶은 일이 없는 게, 꿈이 없는 게 생각이 없는 것처럼 보일까 봐 걱정했다.

우리나라에는 왜 저커버그가 없을까?

직업이 아니라, 하고 싶은 일을 찾아야

✽ 그런데 아무리 생각해도 적성을 발견하는 일은 중요하다. 가슴 벅찬 일을 찾으면 누가 시키지 않아도 밤을 새우면서 공부한다. 어떻게 해야 녀석 마음속에서 하고 싶은 일을 이끌어 내줄 수 있을까?

"적성을 고민하는 게 한가한 신선놀음 같아 보이지? 그럼 우리 쉽고 직관적인 방법으로 네가 좋아하는 일을 찾아보자. 시간도 얼마 안 걸릴 거야."

"좋아요. 제가 원한 건 그런 거였어요. 실용적인 방법이요."

"그래. 그동안 네가 했던 일 중에서 사소한 거라도 누가 시키지 않았는데 자발적으로 한 일을 적어볼래?"

누가 시키지 않았지만
내가 자발적으로 한 일...

1 영감을 주는 이야기 수집
2 일기쓰기
3 독서
4 신문 보기
5 신문 사설 요약하기

"보자. 성철이는 콘텐츠에 관심이 많은 거 같은데? 무언가 새로운 것을 탐색하고, 공부하는 걸 좋아하네. 여기 적어놓은 독서와 신문 보기에 대해서 더 구체적으로 적어봐. 어떤 종류의 책을 많이 읽었는지, 어떤 주제의 신문 기사를 유심히 살펴봤는지. 막연하게 머리로 생각하는 거랑 써서 보는 건 또 달라."

"그러네요. 적으니깐 명쾌해지네요. 제가 좋아하는 일의 공통점도 보이고요. 그럼 전 기자 같은 쪽으로 진로를 정해야 할까요?"

"질문이 틀렸어. 직업이 아니라, 하고 싶은 일을 먼저 고민해야지. 직업을 결정하는 건 그다음이야. 머리 아프지? 우리 그만 걷고 벤치에 앉아서 얘기할까?"

잠깐 쉬어갈 겸 자리를 옮겼다.

"아저씨가 어디까지 얘기했지?"

"직업보다, 원하는 일을 찾아야 한다고요."

"그래. 우리가 발견해야 하는 건 '삶의 방향성'이야. 인생의 나침반 같은 거지."

"방향성이요?"

"응. 너에게 중요한 가치를 정리해둬야 해. 직업은 수단이야. 한번 직접 적용해보자. 네가 자발적으로 한 일들을 살펴보니깐, 넌 누군가에게 이야기해 주는 걸 좋아하는 것 같아. 그치?"

"네."

"이게 본질이야. 네가 꿈꾸는 일이지. 다른 사람을 위로하거나 영감을 주는 거 말이야. 우리 생각이 맞는지 틀렸는지 한번 쐐기를 박아보자. 만약에 네가 살날이 1년밖에 안 남았고, 재산도 한 100억 정도 있어서 생계를 위한 일은 안 해도 된다면, 넌 무슨 일을 하고 싶어?"

"사람들이 용기와 희망을 품을 수 있는 이야기를 만들고 싶어요! 말씀하신 게 맞는 거 같아요."

"이제 확실하지? 그게 인생의 방향성이야."

"그렇군요."

"이런 일을 할 수 있는 직업은 어떤 게 있을까?"

"작가, 기자 그리고 방송 PD 등등. 뭐 많죠."

"브라보! 거봐. 많지? 방향성만 잘 유지하면서 네 상황에 맞춰서 할 수 있는 일을 찾으면 되는 거야. 직업은 수단일 뿐이고, '이야기꾼'이라는 정체성만 잃지 않으면서 살면 돼."

"이상적이긴 한데. 글쎄요. 비현실적인 거 같아요."

우리나라에는 왜 저커버그가 없을까?

"왜지?"

"기자를 예로 들어볼게요. 기자가 되려면 시험을 봐야 하는데, 그러면 신문방송학을 전공하고 논술을 공부해야 하죠. 제 말은 목표가 분명해야 준비를 할 수 있다는 거죠. 이야기꾼이 되겠다는 방향성만으로 어떻게 미래를 준비하죠?"

"좋은 질문이야. 그런데 잘 생각해보면 네가 언급한 모든 직업의 본질이, 그러니깐 일의 원리가 크게 다르진 않아. 작가든, 기자든, 방송 PD든 콘텐츠를 만들어내는 방법은 비슷해. 기본적으로 쌓아야 할 역량은 유사하다는 거야. 독해력, 논술 등이지. 기초 체력만 잘 키워두면 언론고시든, 뭐든 합격할 수 있어."

"일리가 있네요. 그런데 만약에, 진짜 만약에, 말인데요. 못 될 수도 있잖아요. 그러니깐 작가로 등단을 못 할 수도 있는 거고, 기자 시험에 떨어질 수도 있는 거잖아요. 그러면 어떡해요?"

"그래서 방향성이 중요하다고 계속 강조하는 거야. 콘텐츠를 전달하는 일이 기자랑 작가뿐인가?"

"많죠."

"그래. 본질을 잃어버리지 말고 상황에 맞게 꿈을 계속 진화

시켜 나가면 되는 거야. 재미난 사례를 얘기해줄게. '씨앤블루'
랑 'FT아일랜드' 알지?"

"네?"

"맞다! 여긴 없지. 아저씨 세상에 있는 아이돌 그룹이야. 그
런데 회사 사장님 스토리가 재밌어. 한성호 대표님은 원래 가
수 지망생이었어. 대학 때 밴드 활동을 하기도 했지. 그런데
안타깝게 유명한 가수가 되진 못했어. 하지만 음악을 사랑하
는 마음은 변함없었기에 작곡가로서, 보컬 트레이너로서 차근
차근 자신만의 꿈을 진화시켜 나갔어. 그리고 지금은 연예 기
획사의 수장이 되셨지."

"멋지네요! 직업은 바뀌었지만, 본질은 잃지 않으셨네요."

"이제 온전히 이해한 거 같네. 우리 배고픈데 뭐 좀 먹으면
서 할까?"

같은 마음, 다른 역할

바나나 우유는 진리였다. 달콤한 우유 한 모금에 정신이 맑아졌다. 간식 먹는 김에 문득 궁금한 게 떠올라 녀석에게 물었다.

"요즘도 혼자 밥 먹니?"

"……."

소년은 우물쭈물 말을 얼버무려 버렸다.

"'혼밥'이 편하지? 아저씨도 그래. 잠시라도 쉬면서 생각 정리하고 싶어서 자주 그래."

"공감해요. 그런데 아저씨는 약속 많지 않으세요? 직원도 있고, 거래처도 있고."

"약속 많지. 사장의 숙명이야."

"……."

불편한 모양이다. 편한 얘기는 아니었다. 친구와 잘 어울려야 한다는 말을 하는 게 조심스러웠다. 혹시라도 녀석이 자존심 상할까 봐. 그래도 어쩔 수 없었다. 창업가로서 여정은 사람을 만나는 일이 전부라고 해도 과언이 아니니깐.

소년은 눈을 내리깔고 말했다.

"저 같은 성격은 사업을 하면 안 되는 걸까요?"

"아저씨도 그 문제 때문에 힘들었어. 난 원래 내향적인 사람인데, 매일 다양한 사람과 대화를 해야 했거든. 스트레스가 컸지."

"어떻게 극복하셨어요?"

"핵심 가치."

"무슨 전도사 같네요."

"이건 수백 번 강조해도 지나치지 않거든. 아저씨는 간절한 꿈이 있거든. 꿈을 이루려면 여러 가지 도구가 필요해. 인간관계를 원만하게 유지하면서 속 깊은 대화를 나눌 수 있는 역량도 그중 하나야. 끊임없이 훈련해야 해."

"절박하면 뭔들 못 하겠어요. 저도 외향적인 사람이 될 수 있도록 지금부터라도 노력해봐야겠네요."

"음, 꼭 외향적으로 변해야만 하는 건 아니야. '개인' 문성철과 '창업가' 문성철은 서로 다른 역할이야. 이중인격이라는 뜻은 아니야. 리더로서 팀원과 소통하기 위해서 노력해야겠지만, 너만의 휴식 시간에는 내향적인 사람이어도 돼. 쉬는 시간도 중요하거든. 아저씨가 말하고 싶었던 건 혼자 밥 먹는 게 습관처럼 굳어지면 안 된다는 말을 하고 싶었던 거뿐이야."

"무슨 '지킬박사와 하이드'도 아니고. 헷갈리네요."

"그치. 어떻게 설명하면 좋을까. 사람은 다양한 역할을 해야 해. 예를 들면 나는 누군가의 아빠이면서, 동시에 또 다른 이의 아들이지. 살면서 꼭 하나의 역할만 주어지는 건 아냐. 사장이라는 직책을 맡고 있지만, 역할로 보면 기획 담당자이기도 해. 각각의 역할에 따른 행동 규범은 모두 달라. 사장으로서 팀원을 이끌어야 하는 리더십을 발휘할 때도 있는 거고, 어떤 때는 팀원이 되어 다른 팀장 의견을 잘 따라주기도 해야 해."

"그러니깐 아저씨 말은 역할과 상황에 맞게 행동하면 된다는 거네요."

"그래. 리더로서 팀원과 적극적으로 소통해야 해. 그렇다고 쉬는 시간까지 굳이 사장이 될 필요는 없는 거야. 휴식할 때는 네가 좋아하는 일을 하면 돼. 책을 읽거나 산책을 하면서 온전히 너만의 시간을 즐기면 돼."

"네, 괜히 걱정했네요."

기획자, 개발자 그리고 디자이너가 똘똘 뭉쳐야

＊ 난 손에 있던 바나나 우유를 들어 올리며 말했다.

"바나나 우유 참 맛있다, 그지? 근데 넌 이 제품을 왜 샀어?"

"그야 맛있으니깐 샀죠."

"바나나 우유에는 여러 종류가 있잖아. 그런데 왜 이걸 선택했어?"

"일단 맛있고요. 다른 제품보다 가격도 저렴하고, 예쁘기도 하고 그래서요."

"그래, 맞아. 바나나 우유뿐만이 아니라, 다른 제품을 살 때

우리나라에는 왜 저커버그가 없을까?

도 똑같아. 먼저 제품 본연의 기능이 내 문제를 해결해 줄 수 있는지를 살펴본 후에, 가격이랑 디자인을 비교해보고 마음에 들면 지갑을 열게 되지."

"네."

"여기에 팀을 꾸리는 원리가 들어있어. 하나의 제품 또는 서비스를 만들어내려면 적어도 3가지 역할이 필요해. 고객의 욕구를 기술적으로 해결해줄 수 있는 사람, 디자이너 그리고 이 모든 과정을 조율해줄 수 있는 사람. 바나나 우유를 예로 들면 먼저 맛있는 맛을 개발해줄 수 있는 식품 기술자가 필요하겠지. 제품 용기를 예쁘게 디자인해 줄 수 있는 사람도 있어야하고. 그리고 마지막으로 전체적인 프로세스를 관리하면서, 마트나 편의점에 제품을 공급해줄 수 있는 기획자도 필요하겠지."

"기획자, 개발자 그리고 디자이너가 있어야 하는군요."

"응, 넌 이 중에서 어떤 일을 잘하는 거 같아?"

"전 기술에 대해서는 거의 까막눈이고요. 미술도 일찌감치 포기했어요. 그런데 기획은 자신 있어요. 논리적으로 생각하면서 일의 시작과 끝을 설계하는 일은 자신 있어요."

"그렇구나. 그러면 개발자와 디자이너만 구하면 되겠네."

"네, 팀 구성은 중요하겠죠?"

"물론이지. 실제로 벤처기업에 자금을 지원해주는 투자자도 팀 구성원을 면밀하게 살펴봐. 심지어 창업팀 구성만 보고 투자를 하는 때도 있어."

"아이템도 안 보고요?"

"그렇다니깐. 사업을 해본 사람이라면 누구나 알거든. 아이템과 전략은 언제든지 변할 수 있다는 걸 말이야. 중요한 건 사람이지. 드림팀만 있다면 어떤 제품이나 서비스를 만들어도 성공시킬 수 있거든."

소년은 볼펜으로 내가 하는 말을 적으면서 물었다.

"훌륭한 팀원을 찾아야겠네요."

"두말하면 잔소리. 어떤 팀원과 함께해야 할까?"

"능력이 뛰어난 사람을 찾아야죠."

"그것도 맞는 말이야. 그런데 우선순위가 있어. 넌 누구랑 일하고 싶니? 직관적으로."

소년은 생각에 잠겼다. 이제 녀석도 내가 질문을 할 때는 뭔가 의도가 있단 걸 눈치챈 모양이다. 녀석이 손뼉을 치며 소리쳤다.

"당연히 마음이 맞는 사람과 함께하고 싶죠. 방향성 얘기를 하시려는 거죠? 제 삶도 방향성이 중요한 것처럼, 팀도 함께 한 방향을 바라볼 수 있는지가 중요할 거 같아요. 제가 맞았죠?"

"하하. 대단한데? 중요한 원리를 벌써 깨우쳤구나. 맞아. 같은 방향을 바라볼 수 있는지가 중요해. 핵심 가치가 다른 사람과는 함께 걸어갈 수 없어. 돈을 가장 우선시하는 사람과 어려운 사람을 돕는 봉사활동에 가치를 두는 사람이 한 팀이 될 순 없는 거야. 성철이 너 같은 경우는 사람들에게 꿈과 희망을 심어주고 싶은 일을 하고 싶은 거잖아. 그러면 먼저 이런 가치를 중요하게 생각하는 동료를 찾아야 해. 능력을 판별하는 건 그다음 문제고."

"잘 알겠어요. 한마음으로 일할 수 있으면서 동시에 능력도 좋은 사람을 구하고 싶은데. 그런 사람이 있을지는 모르겠네요."

탁월한 동료가 가장 큰 보물

✽ 나도 사업하는 내내 그랬다. 마음이 잘 맞다 싶으면 능력이 아쉬웠고, 일을 잘한다 싶으면 또 마음이 안 맞았다. 난 조심스럽게 입을 열었다.

"아저씨도 고민이 많았어. 단기적인 결과물을 빨리 만들고 싶은 마음에 능력만 보고 팀을 꾸렸다가 깨진 적도 있어. 좋은 제품을 빨리 만들 수 있었지만, 조금만 의견 차이가 생겨도 싸우기 일쑤였어. 지향하는 가치관이 다르다 보니 갈등도 많고 다시 화합하는 것도 어렵더라고."

"아예 그냥 핵심 가치를 지킬 수 있는 사람 위주로 팀을 꾸려야 할까요?"

"그런데 거기에도 함정이 있어. 가치에만 골몰하다 보면 결과물이 안 좋아지는 경우가 생겨. '좋은 게 좋은 거다'라는 함정에 빠져버려. 우리끼리 자축하고 끝나버리지. 결과물은 엉망인데 말이야. 고객은 결과만을 보고 선택해. 냉혹하지. 우리가 어떤 마음으로 이 제품을 만들었는지는 신경도 안 써."

"휴! 어렵네요."

"말이 나온 김에 실패에 대해서 이해하고 넘어가자. 사업을

왜 실패한다고 생각해?"

"돈이 없을 수도 있고, 디자인이 별로여서 그럴 수 있고, 뭐 가격이 비싸서일 수도 있겠죠."

"맞아. 사업이 무너지기 시작하는 지점은 네가 말한 '약한 부분'부터야. 아저씨가 댐을 3개 그려볼게. 봐봐. 여기서 물을 가장 많이 담을 수 있는 댐은 몇 번일까?"

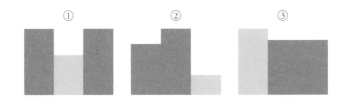

"그야 3번이죠. 다른 두 곳에서는 물이 새잖아요."

"정답이야. 댐을 이루는 각각의 벽들이 얼마나 높은지가 중요한 게 아니라, 가장 낮은 댐의 높이가 댐의 용량을 결정하지. 그쪽으로 물이 새기 때문이야. 팀 역량도 매한가지야. 가장 못 하는 팀원 수준에 맞춰서 제품이 완성되는 거야. 디자인은 뛰어난데 값이 비싸거나, 기능은 우수한데 디자인이 예쁘지 않게 되는 거지. 결국엔 전체적인 품질 수준이 떨어지게 되고 고객은 그 제품을 외면해버리게 돼."

"그러면 결국 어렵더라도 처음부터 핵심 가치도 비슷하고 능력도 출중한 사람을 찾아야만 하는 건가요?"

"이상적인 상황이지. 마음도 잘 맞고, 각각의 역할을 담당하는 팀원이 일당백 능력까지 있는 경우 말이야. 그런데 그런 일은 거의 없어."

소년은 머리를 쥐어뜯으며 말했다.

"그럼 어떡하죠?"

"팀원을 찾을 때 그 사람이 성장 의지가 있는지를 잘 살펴보면 돼."

"성장하고픈 욕구라……."

"실력을 키우고 싶다는 간절한 의지만 있다면 팀원 모두가 서로서로 훌륭한 스승 역할을 해줄 수 있어. 부족한 점도 따끔하게 지적해주고, 계속 여러 가지 자극도 주면서 말이야. 이런 과정이 반복되다 보면 처음에 서로 다른 능력으로 출발해도, 나중에는 서로 시너지를 내며 모두 폭발적으로 성장할 수 있어. 팀원도, 회사도 함께 발전하는 거지."

"그래서 아저씨가 입이 닳도록 핵심 가치를 강조하신 거군요. 성장통을 극복하려면 왜 이 일을 해야만 하는지 목표가 분명해야 하니깐요."

"하나를 알려주면 열을 아네."

"뭘요."

"탁월한 동료야말로 창업 여정에서 얻을 수 있는 가장 값진 보물이야. 바로 너 같은 동료 말이야."

녀석은 머쓱하게 웃었다.

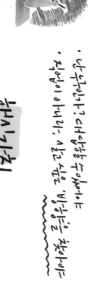

" '나의 목표는 절대 회사를 설립하는 것이 아니었다'고 말하면
많은 사람들이 내가 돈벌이에 관심이 없다고 잘못 이해한다.
하지만 나는 단순히 회사를 설립하는 것이 목표가 아닌
세상에 아주 큰 변화를 가져올 다른 무언가를 만들겠다는 의미다."

― 마크 저커버그

"다음 세기를 내다볼 때,
다른 사람들에게 능력을 부여하는 사람이 지도자가 될 것이다."

– 빌 게이츠

"맞아. 그건 누구에게나 어려운 일이야.
방법은 깨어있는 수밖에 없어.
뉴스도 열심히 보고, 책도 많이 읽고,
가끔 마트에 놀러 가면 어떤 신제품이 나왔나 관심도 가져봐야 해.
아무렇지 않아 보이는 일에도 정보가 숨어 있거든.
그런 정보들을 연결하다 보면
미래를 조금이라도 예측해볼 수 있어.
그러니깐 매사에 촉각을 곤두세우고
주변 변화를 관찰해야 해."

Stage 2
혼돈의 시장

눈만 뜨면
세상이 달라져 있다

녀석이 중얼거렸다.

"핵심 가치를 중심에 놓고……. 그러면 아이디어도 여기서부터 시작해야 하는 거겠네요?"

"그렇지! 가치를 실현하는 수단이 창업 아이템이 되어야 해. 혹시 신문 가지고 있니?"

"신문은 왜요?"

"지금 시대 흐름을 한번 읽어보고 싶어서. 창업 아이템을 고민할 때 사회 변화를 녹여내는 것도 중요하거든."

"잠시만요."

아이디어에
시대정신을 담아야

✱ 소년은 내게 신문을 건네줬다. 종이 냄새를 맡으니 추억이 떠올랐다. 아침마다 배달되는 신문을 읽으면서 하루를 시작하곤 했는데. 스마트폰에 익숙해지면서 신문 구독을 끊었다.

"진짜, 신문 오랜만에 본다."

"아저씨는 뉴스 안 보세요?"

"매일 보지. 내 말은 '종이' 신문을 오랜만에 본다고."

"그럼 어떻게 보는데요?"

"휴대폰으로 봐."

"네? 화면이 지우개만 한 데 그걸로 어떻게 신문을 봐요?"

"미래에는 컴퓨터와 휴대폰이 합쳐진 스마트폰이란 게 나와. 화면도 손바닥만큼 커지고 이미지도 깨끗하게 잘 보여. 나중 되면 알게 될 거야."

"20년 뒤 모습은 지금과 완전히 다르군요."

"상상을 초월하지. 내가 사는 곳은 눈만 감았다 떠도 세상이 바뀌어 있어."

"거짓말……!"

"진짜야. 아까 말했던 페이스북도 그런 사례야. 미국에서 만들어졌지만, 얼마 지나지 않아 전 세계인이 사용하는 서비스가 되었어. 이뿐만이 아니야. 방에 누워서 스마트폰으로 세계 곳곳에서 쇼핑도 할 수 있지. 미국에서 물건을 사도 우리 집 문 앞까지 택배로 배달돼. 인터넷이 발달하고 과학기술이 발전하면서 이제 세상은 초속으로 변하고 있어."

"놀랍네요."

"응. 이걸 창업 관점으로 재해석해보자. 잠깐 그 사진 좀 줘볼래? 다이어리에 끼워져 있는 거."

"여기요."

난 사진을 들고 물었다.

"사진이 많네. 엄마 사진도 있고, 친구들이랑 찍은 사진도 있고."

"힘들고 지칠 때 꺼내 보려고요."

"사진만큼 힘이 되는 것도 또 없지. 그런데 미래에는 사진을 스마트폰에 넣어서 다녀. 내가 원할 때마다 언제든지 볼 수 있지."

"신기하네요."

"심지어 휴대폰 안에 카메라도 있어서 별도로 사진기를 살 필요도 없어."

"휴대폰과 사진기가 합쳐져 있다고요? 좋은 아이디어네요."

"그치? 그런데 창업가 처지에서 생각해보면 공포 영화가 따로 없어."

"왜 그렇죠?"

"스마트폰이 등장하면서 사람들이 사진을 출력해 다닐 필요가 없어졌겠지?"

"그렇겠죠. 휴대폰에 들어있는데 굳이 또 인화해서 가지고 다닐 이유가 없죠."

"만약에 네가 사진을 인화해주는 사진관을 운영하고 있었다면?"

"……."

"어때, 섬뜩하지? 그게 현실이야. 실제로 지금 아저씨 동네에는 사진관이 없어. 사람들이 필요로 하지 않기 때문이야. 그래서 창업 아이템을 고민할 때 시대 흐름을 예측해보는 게 중요해."

"그래야겠네요. 제가 선택한 사업이 미래에 사라질 일이라면……. 생각만 해도 무섭네요. 그런데 미래를 어떻게 예견할 수 있죠? 아저씨야 미래에서 왔으니깐 알 수 있는 거죠. 저처럼 평범한 고등학생이 어떻게 시대 변화를 예상하겠어요."

"맞아. 그건 누구에게나 어려운 일이야. 방법은 깨어있는 수밖에 없어. 뉴스도 열심히 보고, 책도 많이 읽고, 가끔 마트에 놀러 가면 어떤 신제품이 나왔나 관심도 가져봐야 해. 아무렇지 않아 보이는 일에도 정보가 숨어 있거든. 그런 정보들을 연결하다 보면 미래를 조금이라도 예측해볼 수 있어. 그러니깐 매사에 촉각을 곤두세우고 주변 변화를 관찰해야 해."

소년은 손으로 목을 주무르며 대답했다.

"창업이 쉬운 게 아니네요."

"이것저것 고민해봐야 할 일이 많지?"

"네."

"원래 창업이란 게 힘들고 고된 여정이야. TV에서는 성공한 모습만 보여주다 보니, 사람들이 종종 오해해. 창업이란 여정이 매번 즐겁고 행복한 것처럼 말이야. 하지만 절대 안 그래. 성공한 기업가가 환하게 웃을 수 있는 건 혹독한 과정을 견뎌내고 이겨냈기 때문이야. 하지만 처절했던 시간은 방송에 잘 안 나오지."

"세상엔 공짜가 없군요."

우리나라에는 왜 저커버그가 없을까?

"애늙은이처럼 말하네. 하하. 그래도 아저씨가 분명하게 말해줄 수 있는 건 창업이 다른 어떤 일보다 보람되다는 거야. 네가 만약 스마트폰을 만들었다고 생각해봐."

잠시 생각하더니, 소년은 씩 웃었다.

"가슴 벅차네요. 제가 사람들이 살아가는 삶의 풍경을 바꿔버린 거잖아요."

"그래. 실제로 스마트폰을 대중화한 스티브 잡스는 세계 역사 흐름을 바꿨어."

100% 완벽하게 준비된 창업은 없다!

✽ 녀석은 눈을 이리저리 굴리며 다이어리에 무언가를 적었다.

"아저씨 말을 요약하면, 아이템을 고민할 때 사회 변화 흐름을 충분히 반영해야 한다는 거군요."

"그렇지. 이제 본격적으로 속도를 내보자. 직접 창업 프로젝트를 실행해보자고!"

"지금 당장이요? 아무런 준비도 없이요?"

"핵심 가치를 발견했다면 그다음부터는 움직이면서 생각하면 돼. 아저씨도 대학교 때 창업했어. 프로젝트를 기획하고 A부터 Z까지 실무를 하면서 더 실감 나게 경영 원리를 습득했어. 경영학 전공 수업을 듣고, 책을 읽을 때보다 직접 하면서 배운 게 더 많은 거 같아. 그렇다고 학교 수업이나 독서가 의미 없단 말은 아니야. 창업이라는 게 머릿속에 이론만 쌓으면서 배울 수 있는 게 아니란 걸 얘기하는 거야."

"회계도, 법도 알아야 할 거 같은데요. 먼저 공부부터 해야 하지 않을까요?"

"100% 완벽하게 준비된 창업은 없어. 그리고 뭔가 오해가 있는 것 같은데, 준비를 하지 말라는 건 아니야. 공부하지 말란 뜻도 아니고. 꼼꼼하게 준비해야 하고, 머리 터지도록 창업을 연구해야 해. 아저씨 말은 '공부를 위한 공부'를 기계적으로 하지 말란 거야."

"공부를 위한 공부요?"

"응. 기능적인 공부들. 예를 들면 사업자 등록하는 법이나 절세 방법 같은 것들. 이런 것도 필요한 지식이지만 굳이 미리 공부할 필요는 없어. 인터넷에서 찾아보면 금방 알 수 있잖아.

우리나라에는 왜 저커버그가 없을까?

주변 사람에게 물어보면 금방 해결할 수 있는 과제이기도 하고. 이런 걸 공부하는 데 시간을 낭비할 필요는 없어."

"그럼 무슨 공부가 필요하죠?"

"정답이 없는 문제를 해결해가는 능력을 키워나가야 해. 이게 더 본질적인 공부야."

"문제해결 능력이라……."

소년은 다이어리에 빨간색으로 내 말을 받아 적었다.

"창업하면 매 순간 새로운 일과 마주쳐. 정부인허가도 받아야 하고, 신기술도 개발해야 하지. 그뿐인가, 처음 보는 계약서도 수두룩해. 매일매일 해결해야 할 과제들은 차고 넘쳐."

"그 많은 걸 어떻게 공부할 수 있나요?"

"공부가 아니라, 해결해야 해. 공부는 문제를 해결하기 위한 하나의 수단에 지나지 않아."

"예를 들어 주실 수 있으세요?"

"왜 네가 모든 걸 직접 공부해서 해결해야 한다고 생각해? 전문가를 찾아가서 물어봐도 되잖아. 그리고 팀 내부에서 소화하기 어려운 문제라면 아예 외부에 맡겨버리는 것도 좋은 방법이지. 예를 들면 C라는 제품을 만들 때 A, B라는 부품이 필요하다고 가정해보자. 우리가 꼭 A, B 모두를 만들 필요는 없는 거야. B를 사 와서 우리가 만든 A 제품에 붙여버려도 되는 거지. 이건 뒤에서 더 자세하게 설명해줄게. 요컨대 문제를 해결할 수 있는 대안들은 무수히 많다는 거야."

"어떤 말씀인지 잘 알겠어요. 하루하루가 다이내믹하겠네요."

"실수투성이일 거야."

"……."

"왜 그래?"

"전 실수하는 게 두려워요. 자존심도 상하고요. 제가 공부한 뒤에 창업해보고 싶다고 말씀드린 거도 실은 실패하고 싶지 않아서였어요."

"그런 생각, 지금 당장 버려."

"네?"

나도 모르게 언성이 높아졌다. 소년도 눈을 동그랗게 떴다.

"실수하는 게 두려워서 행동하지 않으려는 사고방식, 싹 지워. 내가 보는 앞에서 약속해. 실수해도 주눅 들지 않겠다고."

"……."

순간, 또 빗소리가 들렸다. 어떻게 된 거지. 아까도 들렸는데. 생각할 틈도 없이 소년이 따지듯이 물었다.

"아저씨가 제 부모님이라도 되나요? 제가 실패하면 어떻게 하실 거예요? 책임지실 수 있나요? 남의 인생이라고 쉽게 말씀하시는 거 같네요."

"무슨 소리야. 네가 나라고! 누구보다 널 사랑하고 아끼는 사람이라고! 난 네 시간을 아껴주고 싶은 거야. 그렇게 생각하면 적어도 10년은 뒤처질 거야. 쭈뼛쭈뼛하다가 좋은 기회들 다 놓쳐버리겠지. 그리곤 나이 들어서 후회하겠지. 내가 그랬던 것처럼……."

"……."

남의 속도 모르고 나쁜 놈! 살면서 제일 후회했던 게 실수가 두려워 아무것도 하지 않았던 시간이다. 그 알량한 자존심 때문에 많은 기회를 놓쳐버렸다. 녀석만큼은 그러지 않았으면 했다.

"미안해. 소리 질러서. 아저씨가 성급했나 봐. 그런 생각이 네 앞길을 막을까 봐……. 나도 모르게 흥분했네."

"……."

"실수를 많이 하는 사람이야말로 가장 열심히 노력하는 사람이야. 부끄러운 게 아니야. 이 말을 하고 싶었는데. 강압적으로 얘기해서 미안해."

"아녜요. 저도 막말해서 죄송해요."

"노파심에서 한 번만 더 얘기할게. 실수는 행동하는 자의 특권이야. 네 나이 때는 이 특권을 마음껏 누려야 해. 아저씨 나이쯤 되면 쉽지 않아. 실수하면 대가가 크거든."

"그런 생각 버리세요. 아저씨 말대로 부끄러운 게 아니라면서요. 열심히 노력하면서 살고 계신다는 증거일 뿐이에요."

"……"

할 말이 없었다. 그러고 보니 나도 나이라는 핑계를 대며 무의식중에 실수하는 걸 두려워하고 있었다.

"아저씨도 지금부터 다시는 그런 생각 안 할게. 너도 약속해 줄래?"

"좋아요. 우리 오늘부터 마음껏 실수하면서 성장하는 거예요. 파이팅!"

우리나라에는 왜 저커버그가 없을까?

바꾸고, 바꾸고
또 바꾸고

"먼저 회사 이름부터 정하자."

"회사 이름이요? 생각해둔 게 있어요!"

녀석은 기다렸다는 듯이 말했다.

"'운명의 바람 소리'예요."

"느낌 있네. 어떤 의미야?"

"전 사람들을 위로하고 꿈과 용기를 주는 일을 하고 싶어요.
운명의 바람처럼, 지친 이에게 새로운 영감을 불어넣어 주고
싶어요."

"멋진데?"

"쑥스럽네요."

"오케이! 이제 아이템을 만들어보자."

"네, 좋아요. 어떻게 접근해야 할까요?"

"어렵게 생각할 필요 없어. 네가 당장 필요한 게 뭐야? 아니면 불만족스러운 일이나."

소년은 평소 일기장에 적어두었던 아이디어들을 쭉 살펴봤다.

"대학에 대한 정보가 부족해요. 서울에 사는 친구는 대학교를 가까이서 볼 수 있잖아요. 지하철만 타면 되죠. 하지만 저처럼 청주, 그러니깐 지방에 사는 사람은 그런 기회가 없어요. 학교에 대한 막연한 이미지뿐이죠. 눈으로 직접 볼 수 있으면 좋을 거 같은 데 가볼 엄두가 안 나요."

"좋은 아이디어네. 그걸 사업화해보자."

"그렇긴 한데……. 이렇게 순식간에 아이템을 정해도 되나요?"

"고민의 시간이 중요한 게 아니야. 오래 고민한다고 좋은 아이디어가 나오는 것도 아니고. 올바른 의사결정이라면 결단력 있게 추진하면 돼."

"네."

"무엇보다 이 아이디어는 평소에 네가 절실하게 원했던 서비스야. 어떤 해결책이 필요한지 너만큼 잘 아는 사람도 없지. 네가 만족할 수 있는 서비스라면 똑같은 고민이 있는 다른 친구도 만족할 확률이 높아. 게다가 이 일은 핵심 가치에도 잘 부합하는 일이잖아. 친구에게 꿈을 심어줄 수 있으니깐. 그러니깐 아이템의 기본 요건은 다 갖춘 셈이야."

"그러네요."

"그리고 벌써 걱정할 필요가 없어. 지금 네가 생각한 아이디어는 나중에 완전히 달라져 있을 거니깐."

"왜 그렇죠?"

"시대 흐름에 따라 바뀌기도 하고, 고객의 요구사항에 따라 변형되기도 하지. 경우에 따라선 회사 내부 상황에 의해서 조정이 필요할 때도 있고. 아이템은 계속 진화하는 만큼 기획 단계에서는 바꿀 여지를 늘 남겨 둬야 해."

"그러면 제가 기획한 서비스가 없어질 수도 있겠네요."

"물론이지. 고객이 외면해버릴 수도 있으니깐. 그럴 땐 어떻게 해야 할까?"

"다른 아이디어로 다시 처음부터 출발하면 되겠죠."

"맞아. 그래서 아이템을 선정하는 단계에서 지나치게 조심스럽게 접근할 필요가 없는 거야. 나중에 서비스가 체계화될 때는 신중하게 확장해야겠지만, 아이디어 자체를 검증하는 단계에서는 유연하게 움직이는 게 중요해."

"네, 이해했어요. 그런데 아이디어는 어떻게 검증해요? 제품이 있는 것도 아닌데."

살아있는 경영 교과서, 전단지

✱ 난 길바닥을 둘러봤다. 그리곤 전단지를 주웠다.

"이게 최고지. 여러 방법이 있는데 오늘은 이걸로 해보자."

"전단지요?"

"응. 살아있는 경영 교과서. 돈도 그렇게 많이 안 들어. 네 용돈으로도 충분히 만들 수 있어."

"이걸로 어떻게 한다는 거예요?"

"전단지 내용을 한번 채워봐. 네가 판매할 서비스를 구체적으로."

"서비스를 먼저 준비하는 게 아니고요? 광고부터 만들라고요?"

"수요를 먼저 확인하고 제품이나 서비스를 만들어도 늦지 않아."

"그게 가능해요?"

"해보면 알겠지만, 일정만 잘 조율하면 돼."

"음."

"네가 본격적으로 사업을 키워나갈 미래 사회에는 이런 시스템이 활성화돼있어. '크라우드 펀딩(Crowd funding)'이라고 하는데, 여기에 네가 어떤 물건을 만들겠다고 아이디어를 올리면 소비자들이 너한테 돈을 미리 줘. 넌 그 돈으로 제품을 만들어서 보내주기만 하면 되는 거지."

"크라우드 펀딩이라……. 소비자 같기도 하고, 투자자 같기도 하네요."

"용어 자체는 중요한 게 아니야. 어떤 개념인지만 이해하면 돼. 해보면 금방 이해될 거야. 일단 전단지부터 작성해봐. 너와 같은 친구를 대상으로 서울에 있는 대학 투어 프로그램을 만들어봐."

"네."

사실, 이 아이디어는 내가 대학교 때 직접 해본 프로젝트였다. 고등학생일 때 생각만 하다가 대학생이 되어서야 실행했다. 몇 년을 머뭇거린 거다. 만일 이 사업을 고등학교 때 해봤다면 내 진로가 완전히 달라지지 않았을까 하는 생각을 종종 하곤 했다. 이번 기회에 녀석의 시간을 아껴주고 싶었다.

소년은 전단지를 봐가며, 비슷하게 광고 문구를 만들었다.

"다 했어요. 따라 하니깐 별로 어렵지도 않네요."

"응. 방금 한 말 기억해둬."

"왜요?"

"어떤 과제든지 어려운 일이 있으면 먼저 다른 회사가 어떻게 했는지 살펴보면 돼. 따라 하면서 배우고, 나중에 너만의 스타일로 재창조하면 되거든."

"공부 잘하는 방법도 똑같죠. 전교 1등이 어떻게 공부했나 보고 따라 해보면 되죠."

"적절한 비유네. 무엇을 배우든지, 어떤 아이디어를 준비하든지 아무것도 없는 백지에서 출발할 순 없어. 이미 있는 거에서 배우고, 느끼고, 깨닫는 것부터 시작해야 해."

"네. 마음에 와닿네요."

서울 주요 대학 탐방

지금까지 이런 여행은 없었다
가보고 싶었던 대학교를 한번에 돌아보자!
- 일시 : 10월 22일 ~ 10월 24일
- 비용 : 30만원

HOT EVENT

포함사항 •
- 한국대, 제일대. 명문대
- 서울 호텔 2박
- 식사 6회 포함
- 전세버스 이동

9월 30일까지 등록시,
10%를 할인해
드립니다

문의 : 010 - 2222 - 2244

"어디 보자. 서비스 내용과 가격도 잘 설명해놨고, 프로모션도 꼼꼼하게 만들어 놨네. 오! 잘했는데?"

"헤헤, 감사합니다."

"일단 이 전단지를 100장만 복사하자."

"지금이요?"

"그래, 머뭇거리지 마."

우린 문방구에 들러 전단지를 복사한 후, 가경고등학교 앞으로 갔다.

"전단지를 학생들에게 나눠줘. 아저씨는 벤치에 있을 테니깐 끝나면 그쪽으로 다시 와."

"네. 이따 봬요."

모든 것이 단서다

❋ 소년이 전단지를 돌리러 간 사이, 난 잠시 빗소리를 생각해봤다. 뭔가 일정한 패턴이 있는 것 같은데……. 그러고 보니 소년이 화를 낼 때마다 빗소리가 들렸던 거 같다. 잘은 모르겠지만, 어쩌면 이 빗소리가 내가 원래 있

우리나라에는 왜 저커버그가 없을까?

었던 동굴로 돌아가는 열쇠일지도 모른다.

"아저씨, 무슨 생각을 그렇게 골똘히 하세요?"

"어, 왔구나. 어땠어?"

"전단지 나눠주는 게 이렇게 힘든 줄 몰랐어요. 다들 안 받으려 하더라고요."

"힘들지?"

"네. 전단지 하나 건네주는 것도 이렇게 어려운데, 물건을 파는 건 더 어렵겠단 생각을 했어요."

소년의 어깨가 축 처져있었다. 앞으로 힘들 거에 비하면 이건 아무것도 아니다. 난 녀석 등을 툭툭 치며 말했다.

"중요한 교훈 하나를 배웠네. 그게 냉정한 현실이야. '짤' 없지. 어떤 사업을 해도 넌 그런 환경을 마주하게 될 거야. 고객이 선택할 수 있는 제품과 서비스는 시장에 끝도 없이 펼쳐져 있거든. 이제 막 출발하는 기업의 제품을 소비자는 거들떠보지도 않아. 성가신 소음쯤으로 생각하지."

"맞아요. 학생들 대부분이 짜증 섞인 표정으로 절 쳐다봤어요."

"그래서 어떻게 했어?"

"위치를 한번 바꿔봤어요. 학교 앞에 있는 아파트로 가서 아주머니들한테 나눠줬어요. 그랬더니 의외로 잘 받아 가시더라고요."

"브라보! 전략적인 사고방식을 체득했구나."

"네? 어떤?"

"장소를 선정하는 법! 똑같은 제품이어도 어떤 곳에서는 잘 팔리지만, 어떤 곳에서는 하나도 안 팔려. 선풍기를 생각해보자. 열대지방에서는 불티나게 팔리겠지. 하지만 추운 지역에서는 어떨까?"

"안 팔리겠죠."

"그렇지. 물건을 만드는 것만큼이나 제품을 어디에서 팔지도 중요해. 네가 학교에서 아파트로 장소를 바꾼 것처럼, 서비스를 찾는 사람이 많은 곳으로 가야 해. 우리나라는 교육열이 높아서 학부모가 소비를 주도해. 공부는 학생이 하지만, 교재, 학원 등은 부모가 선택해주는 경우가 많아. 아파트에서 전단지 수요가 더 많았던 건 결코 우연이 아니야. 네가 그걸 발견한 거지. 발로 뛰면서 말이야."

"어떤 원리인지 알 거 같아요. 우리 가족만 하더라도 평상시에 먹는 고기는 마트에서 사지만, 선물용 한우를 살 때는 백화점에서 사죠. 제가 만약 한우 갈비 세트를 파는 사람이라면 마트보다 백화점을 공략하는 게 더 현명한 판단이겠죠. 거기에 수요가 많을 테니까요."

"바로 그거야. 경영이란 게 거창한 게 아니야. 지적 호기심을 가지고 우리 삶을 하나하나 관찰하고 분석하다 보면 해답을 찾을 수 있어."

"네. 자신감이 생기네요."

녀석 눈빛이 다시 살아났다.

"전단지 나눠주면서 들은 얘기 없어?"

"있어요. 가격이 비싸단 얘기도 있었고, 서울 가는 김에 관광지도 한두 군데 돌아보고 싶다는 의견도 있었어요."

"그래. 그러면 어떻게 해야 하지?"

"가격도 낮춰보고, 관광지도 추가해야죠."

"응. 고객에게 들은 의견을 세세하게 반영해서 기획에 녹여내야 해. 모든 게 단서니깐, 단 하나라도 놓쳐선 안 돼."

"네. 이렇게 아이템을 구체화하면 되는군요."

"참! 한 가지 주의 사항이 있어."

"뭐죠?"

"비싸다는 말에 휘둘리지 말아야 해. 고객은 습관적이고, 반사적으로 비싸다는 말을 입에 달고 살아. 생각해봐. 손님 처지에서는 무조건 싸게 사는 게 좋은 거잖아. 어떤 제품, 서비스를 보여줘도 비싸다는 대답은 항상 나와. 그러니깐 비슷한 제품이나 서비스의 공개된 가격을 철저하게 조사해봐야 해. 그래야 고객 의견이 단순히 심리적인 건지, 아니면 진짜로 우리 가격이 비싼 건지 검증할 수 있으니깐."

"하긴 저도 물건 살 때마다 비싸다는 말을 습관적으로 하는 것 같아요."

소년은 빨간색 펜으로 전단지 문구를 수정했다.

"이렇게 하나하나 개선해나가면 돼. 운 좋게 아이디어가 한 번에 터질 수도 있겠지만, 그렇지 않은 경우가 더 많아. 아이디어를 수정하고, 바꿔도 사람들에게 외면받을 수도 있고."

"네. 아이디어를 포기할 줄도 알아야 하겠네요."

"응. 그땐 새로운 아이템으로 처음부터 다시 테스트하면 되는 거야. 이런 과정을 반복하다 보면 어느 순간 기가 막힌 아이템이 완성돼."

"참! 아저씨가 전단지 말고도 여러 방법이 있다고 했잖아요. 또 뭐가 있어요?"

"깜빡했네. 말해줘서 고마워. 너 프리챌에 가끔 글 올리지? 인터넷에 전단지를 뿌린다는 생각으로 게시물을 올려보는 방법도 있어."

"그 생각을 못 했네요. 그러면 지역적인 한계도 벗어날 수 있겠어요. 전국에서 사람들을 모을 수 있겠는데요? 사업가의 눈으로 인터넷을 바라보니 기회가 무궁무진하네요."

"그치. 그리고 부모님에게 상의 드려 보는 것도 좋은 실험 방법이야."

"에이! 그건 아니다. 부모님은 무조건 반대하실걸요? 들어 보지도 않고요."

"그렇지 않아. 농담처럼 가볍게 말고, 진지하게 네가 생각하는 아이디어를 얘기해봐."

"농담하시는 게 아니군요……."

"응. 부모도 고객이야. 그리고 난이도로 봐도, 부모를 설득하는 일은 어려운 축에도 못 껴. 앞으로 네가 설득해야 할 수많은 사람 중 한 명일 뿐이야."

"하긴, 가족도 안 사주는 물건을 누가 사려고 하겠어요."

"창업가의 길을 순탄하게 걸어가기 위해선 사전에 꼭 부모님을 설득해둬야 해. 몰래 하거나, 말이 안 통한다는 식으로 회피해버리면 안 돼."

"일리가 있는 말씀이세요."

"일단 설득만 되면, 부모님은 네 사업에 가장 든든한 조력자가 되어주실 거야."

"그렇겠죠? 생각해보니 결국에는 항상 저를 믿어주셨던 거 같아요."

녀석은 머리를 끄덕였다.

100명의 팬을 확보하라

소년이 물었다.

"전단지를 다 돌리긴 했는데, 그러다 사람들이 덜컥 사면 어떡하죠?"

"그러라고 돌린 거야. 한 명이든, 열 명이든 우리 서비스를 구매하면 실전 모드로 돌입해야지. 호텔도 예약하고, 전세버스도 섭외하고. 본격적으로 사업의 틀을 갖춰야 해."

"떨리네요. 그런데 전세버스를 구할 만큼 사람이 안 모이면 어떻게 해야 하죠?"

"상황에 맞게 조정해야지. 그땐 대중교통을 이용해서 인솔해야겠지. 먼저 그 전에 손님들에게는 양해를 구해야 하고. 전 단지에 전세버스라고 적어놨잖아."

"정신없겠네요."

"창업하는 순간부터 예측 불가능한 돌발 상황이 매일, 매 순간 생겨. 그럴 때마다 기지를 발휘해서 유연하게 해결해야 해."

"그런데 딱 한 명만 구매하면 어떻게 해요? 이런 경우 난감할 거 같네요. 손해를 보면서까지 준비해야 하나요?"

"당연하지. 고객과 한 약속이잖아."

"음."

"무엇보다 첫 번째 기획의 목적은 돈을 버는 게 아니야. 사업에 필요한 정보를 수집하는 과정이지. 한 명 몫이라도 준비해서 여행을 다녀오면 많은 데이터가 축적돼. 개선점은 무엇인지, 손님이 불만족했던 것들은 어떤 것인지 등등 말이야."

"네. 준비하는 과정도 같이 도와주실 거죠?"

"……."

난감했다. 언제 돌아갈지 알아야 대답을 해주지. 맘 같아선 일 년, 아니 한 달만이라도 같이 일하면서 모든 걸 알려주고 싶은데.

"글쎄다, 모르겠어. 우리에게 주어진 시간이 얼마나 남았는지……."

"그러네요."

"응, 우리 시간을 아끼자."

100명의 함성이 백만 대군을 모은다

✱ 소년도 고개를 끄덕였다. 여행 사업에 필요한 것들을 계산해보면서 물었다.

"20명 정도만 모아도 충분할 거 같긴 해요. 그러면 전세버스도 빌릴 수 있을 거 같고요."

"표정이 어째 좀 시큰둥한데?"

"그런데 이렇게 해서 언제 사업을 키우나요?"

"규모가 작아 보인다는 뜻이지?"

"네. 운 좋게 100명 정도를 다 모은다고 해도, 이게 의미가 있는 숫자인지 잘 모르겠어요. 몇천 명 정도는 있어야 하는 거 아닌가요?"

"우리, 관점을 바꿔보자. 영업사원 백 명을 가진 회사는 큰 회사니, 아니면 작은 회사니?"

"그 정도면 충분히 큰 회사죠."

"그치? 사장이 그 정도 직원을 고용하려면 월급만 해도 상당하겠지. 창업 초기 회사는 그 많은 인력을 고용할 재정적인 여유가 없어."

"당연하죠."

"자, 여기서 질문!"

"아저씨는 끊임없이 질문하네요. 한번에 쉽게 알려주는 법이 없네요."

"하하! 미안하구나. 하지만 스스로 생각하는 힘을 키워야 해. 내가 너에게 선물해주고 싶은 건 '지식'이 아니라 '지혜'야."

"알아요. 두말하면 잔소리죠."

"다시 본론으로 돌아가서, 만약에 백 명의 고객을 우리 회사 열성 팬으로 만들 수 있다면?"

"그분들이 제가 만든 여행 상품을 여기저기 홍보해주고 다니겠죠."

"영업사원의 역할이 뭐지?"

"이해했어요! 그러니깐 아저씨 말은 고객을 제 편으로 끌어들일 수만 있다면, 그분들이 우리 회사 영업을 적극적으로 도와준단 말씀이시군요? 영업사원 백 명을 뽑은 거나 마찬가지인 거죠."

"그렇지! 서비스를 완성해나가면서 백 명의 고객을 완벽하게 내 편으로 만들어야 해. 백 명이 이백 명이 되고, 이백 명이 사백 명이 되는 거지."

"다른 사람에게 추천하실 건가요?"

❋ 소년은 그제야 표정이 밝아졌다. 신이 난 듯 물었다.

"저도 생각해보니 제가 진짜 좋아하는 떡볶이집이 있는데 최소 열 명 정도는 그 집에 데려간 거 같아요. 관점을 달리해서 보니 제가 그 가게 영업사원이었네요. 사장님한테 가서 생색 좀 내야겠어요."

"사장님과 친한가 보네?"

"그럼요. 완전 좋아해요."

"고객과 그런 관계를 유지해야 해. 단순히 제품 한번 팔고 끝내면 안 돼. 그러려면 어떻게 해야 할까?"

"일단은 제 여행 자체가 끝내줘야겠죠. 기본이 안 돼 있으면 관계 자체가 형성되지 않겠죠."

"똑똑한 녀석! 맞아. 회사와 고객 관계는 친구 관계와는 결이 달라. 이해관계가 명확하기에 조금만 실수해도 관계가 와장창 깨져 버려. 말 한마디만 잘못해도 고객은 떠나버리지."

"네, 저도 그랬던 거 같아요. 한번은 도시락 가게에 혼자 밥 먹으러 갔는데 가게 사장님이 농담으로 '혼자 왔어? 너 왕따구나'라고 말씀하셨던 적이 있었어요. 물론 농담으로 한 말이란 걸 알지만 얼굴이 화끈거리더라고요. 그 뒤로 다시는 거기에 안 갔어요. 2년 동안 일주일에 한두 번은 이용하던 가게였는데도 말이죠."

그때 기억이 불쾌했나 보다. 말하면서도 인상을 찌푸리고 있었다.

"좋은 경험 했네. 손님은 칼같이 냉정해. 고객 마음이 돌아서지 않도록 항상 섬세하게 어루만져줘야 해. 감사하다는 말도 자주 하고, 중간중간 깊은 대화를 나누면서 불만도 들어줘야 해."

"세상에 쉬운 일이 없네요."

"말이 나온 김에 한 단계 더 들어가 볼까? 그런데 고객이 요구사항을 모두 말로 얘기할까?"

"아니요, 바쁜 사람인데 그렇게 말해주기 쉽지 않겠죠. 저도 도시락 가게에서 그냥 아무 말 안 하고 나와 버렸는걸요."

"그게 현실이야. 그래서 고객 한 사람 한 사람을 주도면밀하게 '관찰'해야 해. 고급 정보는 고객이 무의식중에 중얼거리는 말 속에 숨어 있어. 꾸밈없는 속마음이니깐. 네가 여행을 인솔해 다닐 때 사람들의 표정, 대화는 물론이고 심지어 어떤 음식을 남겼는지까지 꼼꼼하게 기록해둬야 해. 자잘해 보이고, 좀스러워 보이는 내용까지, 전부!"

"남긴 음식까지요?"

"응. 식사가 맛이 없었다고 의견을 말해주는 고객도 있지만, 말없이 마음에 품고 있는 사람도 많거든."

"제 성격도 그래요."

"그치? 더 재미난 거도 있어. 자신이 무엇을 진정으로 원하는지 고객이 모르는 경우도 많아."

"그럴 리가요."

녀석은 믿을 수 없다는 듯이 날 쳐다봤다. 사실 나도 그랬다. 고객의 말에 모든 답이 있다고 생각하던 때가 있었다. 물론 고객의 의견은 매우 중요하다. 하지만 그 이상을 뛰어넘는 통찰력이 필요할 때도 있다.

"앞서 얘기했던 스마트폰이 전형적인 예야. 많은 휴대폰 제조 회사가 고객에게 의견을 물었지. 어떤 기능이 있으면 좋을지, 디자인을 어떻게 했으면 좋겠는지 등등을. 하지만 정작 스마트폰이란 개념을 얘기한 고객은 한 명도 없었어."

"그럼 스마트폰은 어떻게 만들어진 건가요?"

"스티브 잡스의 상상력에서 나온 거지."

"고객이 모든 해답을 주지는 않는구나⋯⋯."

"그래. 고객의 삶을 획기적으로 개선하려면 누구도 생각지 못한 아이디어를 떠올려낼 수 있어야 해."

"네, 잘 알겠어요. 고객 의견을 경청하는 건 기본이고, 한발 더 나아가 기존에 없었던 무언가를 계속 상상해봐야겠군요."

"오! 요약, 깔끔한데?"

"그래도 든든하네요."

"뭐가?"

"아, 제 편이 100명이나 있다는 거요."

초를 치긴 싫지만, 짚고 넘어가야 할 부분이 있었다.

"미안한데, 그 사람들이 모두 적이 될 수도 있어."

"무슨 말씀 하시는 거예요?"

"네가 다시는 안 가는 도시락 가게를 한번 생각해봐. 그 가게 평판에 관해서 얘기할 때 넌 어떻게 행동해?"

"거기 가려는 사람 있으면 뜯어말리죠. 보는 사람마다 가지 말라고 하고요. 아……."

"어때? 이제 알겠지? 백 명의 고객은 네 사업의 근본을 무너뜨릴 수도 있는 사람들이야. 다른 사람에게 네 서비스를 추천해주는 것보다 더 큰 에너지로 네 회사를 욕하고 다닐 수도 있어."

"조심해야겠네요. 설사 사업을 정리하게 되더라도 기존 고객이 우리 회사에 실망하지 않도록 원만하게 마무리해야겠네요."

난 대답 없이 엄지손가락을 척 들어 올렸다.

협상력을 위한
챠이맵스 STAGE 2

→

시출하기사본기
• 왜 안 움직인가?
• 1-2위에 치지못하고 어쩌네는 이유는 뭔가?
→ 누비앨 옵션가마 시장을에 주빌려시 않기

이야기서방하기
<시나리오시 <주제야>   YES
레인드 둘라   YES
셰프 인스기

NO

!?

TEAM
기승!
기능!
디자인

질문가치
• 난 누구인가? 대답할 수 있어야
• 적이 아니라, 사고 싶은 '비난'을 찾아야

팀을 끌의 내네, 경영층 향상 때네,
배움과 이해의 중심이 되야

• 100억의 일선 편
= 현장의 영업사원

"가장 큰 위험(Risk)은 위험을 피해 가는 것이다.
모든 것이 급변하는 시대에서 위험을 피해가는 전략으로는
반드시 실패한다."

– 마크 저커버그

"가장 불만에 가득 찬 고객은
가장 위대한 배움의 원천이다."

— 빌 게이츠

"

"당연한 건 없어. 그걸 거부하는 게 창조적 파괴의 시작이야.
실제로 가게를 미로처럼 설계해놓고
제품을 마구잡이로 깔아놓은 상점도 있어.
가격 같은 건 찾아볼 수 없지. 심지어 고객이 가게 안에서 길을 잃기도 해.
상점 출구를 못 찾아서. 그런데도 소비자는 깔깔거리면서 재미있어 해.
이런 독특함은 이 기업만의 고유한 색깔이 되었어.
그야말로 유일무이한 개성이지."

Stage 3
죽음의 계곡

투자자에게 청혼하기

"우리 기지개 한번 켤까?"

난 일어나 두 손을 하늘 위로 쭉 뻗었다. 소년도 다이어리를 벤치에 놓아두고 몸을 좌우로 돌렸다. 이제부터 가르쳐줘야 할 내용은 더 심오한 내용이다. 테스트와 사업을 키워가는 일은 난이도가 다르다.

"정신이 들지?"

"네, 시원하네요."

"머리도 풀 겸 간단한 그림 하나 그려 볼까? 성공으로 가는 길을 다이어리에 그려봐. 아저씨도 그려볼게."

성공으로 가는길 (X)

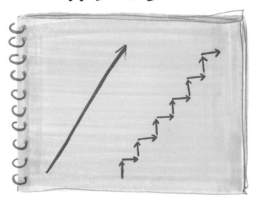

성공으로 가는길 (O)

녀석은 내가 그린 그림을 보더니 피식 웃었다.

"이게 모예요? 낙서한 거 같아요."

"일부러 이렇게 그린 거야. 이게 진짜 성공으로 향하는 길이거든."

"……."

"성공으로 가는 길은 복잡한 미로처럼 얽혀있어. 네가 그린 그림처럼 차근차근 올라가는 길이 아니야. 딱히 지름길도 없어. 끊임없이 길을 잃고 방황하다가 겨우겨우 정상에 오르는 거지. 혼돈과 피눈물로 뒤범벅된 길이야. 평범한 노력으로는 어림도 없어. 무섭고 집요하게 몰입해야만 찾을 수 있는 길이야."

"음, 조금이라도 일찍 도착할 수는 없나요?"

"물론 있지."

"뭔데요? 빨리 말해주세요."

"경쟁자보다 두 배로 열심히 일하는 거야. 그러면 성공 기간을 20년에서 10년으로 줄일 수 있어. 그렇다고 전체 코스 자체가 짧아지는 건 아냐. 거쳐야만 하는 지점들을 모두 밟고 지나가야 해. 남들보다 두 배, 세 배 노력해서 조금 더 빨리 통과하는 거뿐이야."

주식을 팔아서 돈을 구해야

❋ 녀석, 이제 창업의 무게가 제대로 느껴지나 보다. 소년은 진중하게 물었다.

"어려운 여정이 될 것 같네요. 여행 가방을 꼼꼼하게 싸둬야겠어요."

"하하! 심각해 보이는데?"

"장난치지 마시고요. 낙오하지 않고 성공의 문에 도달할 수 있는 지혜를 알려주세요."

"제법 창업가 같은데? '지혜'란 단어도 쓰고."

"아, 정말! 빨리요."

"알았어. 너를 도와줄 수 있는 천사 같은 투자자를 찾아야 해. 이름 그대로 '엔젤(angel)' 투자자지. 그 전에 돈을 빌리는 것과 투자를 받는 것의 차이점을 알아야 해. 우린 무조건 투자를 받아야 해. 빚을 지는 건 절대, 절대, 절대 안 돼."

"일단 더 들어볼게요."

소년은 입을 삐죽거렸다. 내 말에 동의가 안 되나 보다. 혈기왕성할 때니 받아들이기 어려울 거다. 나도 한때 자신감, 아니 무모함이 하늘을 찌를 때가 있었다. 무언가에 홀린 듯이 큰 돈을 빌려서 사업에 쏟아부었던 적이 있다. 정부 기관, 은행은 물론이고 지인, 가족 돈까지 싹 끌어모았다.

이후 뜻하지 않게 사업이 어려워지면서 빚을 갚느라 몇 년을 허비했다. 정말이지 지옥 같은 시간이었다. 투자받은 돈으로만 사업을 했으면 재기하는 데 그렇게까지 오래 걸리지 않았을 텐데. 살면서 몇 번을 후회했는지 모른다.

더구나 소년은 18살이다. 돈을 빌려서 사업하면 안 된다. 백 번을 강조해도 지나치지 않다.

"사업에 필요한 돈을 구하는 방법은 두 가지가 있어. 하나는 돈을 빌리는 거야. '부채'라고 하는데 원금에 이자를 부쳐서 갚아야 해. 두 번째는 투자를 받는 방법이 있어. 주식회사를 만들고 내가 가진 주식을 팔아서 돈을 모으는 거야. 원금을 상환해야 하는 의무가 없어."

"원금도 보존이 안 되는데 누가 주식을 사요?"

"처음 들으면 낯선 개념일 거야. 주식을 사는 사람은 네 회사의 미래를 기대하면서 투자를 하는 거야. 큰 수익을 기대하면서 원금 손실 위험을 감수하는 거지. 어렵지?"

"개념 자체는 이해가 가는데 손에 안 잡혀요."

"안 해봐서 그래. 한번 계산해보자. 자본금 100만 원으로 주식회사를 만들었다고 해보자. 만약 1만 원짜리 주식을 발행했다면 전체 회사 주식은 100주가 있는 거야. 쉽게 이 주식을 네가 모두 가지고 있다고 가정해보자."

"제가 지분 100%를 가지고 있단 말씀이시죠?"

"응. 투자자가 만약 네 사업에서 가능성을 본다면, 1만 원짜리 주식을 주당 10만 원에 사. 액면가는 1만 원이지만, 여기에 미래 가치를 더해서 10배 금액을 주고 네 주식을 매입하는 거지."

"1만 원짜리를 10만 원에 산다고요? 그런 일이 가능하군요."

"주식회사의 장점이지."

"음, 그럼 제가 10주를 팔면 현금 백만 원이 생기는 거네요."

"그렇지. 네 지분은 90%가 되는 거고, 투자자 지분은 10%가 되는 거야. 이해돼?"

"네. 그런데 투자자는 액면가 대비 10배로 주식을 산 거잖아요. 그러면 이분들은 돈을 어떻게 벌어요? 아저씨 말대로 주식은 원금을 돌려받을 수도 없는데, 왜 그런 위험을 감수하면서까지 제 주식을 사는 건지 도통 이해가 안 가요."

"사업이 잘 풀려서 회사를 주식시장에 상장한다고 가정해 보자. 기사 봤지? '기업 가치 얼마로 상장하다' 이런 내용."

"경제 지면에서 종종 봤죠."

"자본금 1백만 원짜리 회사가 성장을 거듭해서 100억 가치로 주식시장에 상장했다고 해보자. 그러면 10% 주식을 가지고 있었던 투자자는 얼마를 벌게 되는 거지?"

녀석은 구시렁거리며 암산을 한 후 대답했다.

"10억이네요!"

"이제 알겠지? 그걸 기대하고 네게 투자하는 거야. 큰 위험을 감수하는 만큼, 큰 수익을 내는 거지."

"이해했어요. 그러니깐 채권자는 위험을 감수하지 않고 안정적인 수익을 추구하는 거고, 투자자는 다소 위험하더라도 큰 수익을 추구하는 거란 말씀이신 거죠?"

"그렇지. 앞에서도 말했지만 한 번 더 강조할게. 지금 네 나이 때는 반드시 투자를 받아서 사업을 키워나가야 해."

"왜요?"

"이제 시작이니깐. 네 앞길을 저주하거나, 널 못 믿는 게 아니야. 회사를 창업하고 성공한다는 것 자체가 진짜, 진짜 어려운 일이야. 운 좋게 단번에 성공할 수도 있겠지만 그런 경우는 거의 없어. 몇 번, 수십 번 실패하는 과정을 거쳐야 해. 그럴 때마다 훌훌 털고 다시 일어나려면 빚이 없어야 해. 채무가 있으면 몇 년을 돌아가야 하거든."

"아저씨도 그랬나요?"

"……."

아직도 말하는 게 꺼림칙하다.

"힘들었어……. 돈 갚느라 몇 년을 고생했지. 그 흔한 신용카드도 못 만들어. 결국에는 다 갚고 재기했지만, 돌이켜보면 그 시간이 아깝고 속상해. 한 발짝도 앞으로 나아가지 못했거든. 만약 투자받은 돈으로만 사업했다면 곧바로 새로운 아이템으로 재도전할 수 있었겠지. 네가 원하는 대로 조금 더 빨리 성공했을 거야."

결혼할 배우자를 찾듯이 투자자를 찾아야

✱ 소년이 내 어깨를 툭 치더니 엄지손가락을 치켜올렸다.

"많은 걸 배우셨네요! 덕분에 전 몇 년을 아꼈네요. 아저씨가 만약 그런 경험이 없었다면 저에게 이런 조언도 못 해주셨겠죠. 의미 있는 경험을 하신 거예요."

"……."

녀석의 따뜻한 말에 순간, 눈에 눈물이 고였다.

"뭘 이런 걸로 감동하고 그러세요. 아저씨, 그런데 제가 사업에 실패해서 투자자에게 돈을 돌려주지 못하면 어떻게 되나요? 법적으로 책임이 없다고 해서 도덕적으로 책임이 없는 건 아니잖아요. 마음이 무거울 거 같아요. 제가 투자받은 돈을 다 날려버리면요."

"책임감 때문에 그러지?"

"네."

"투자자와 인연을 맺을 때는 그래서 신중해야 해. 마치 결혼처럼."

녀석은 고개를 한 바퀴 돌렸다. 머리가 무거운가 보다. 하긴 돈 문제는 가벼운 얘기가 아니다.

"투자자는 너와 미래를 함께하기로 한 사람이야. 너도 책임 감을 느끼고 그 사람 인생에 긍정적인 영향을 미쳐야 해. 사업 이 어려워졌다고 해서 투자자와 관계를 깨면 안 돼. 가족이라 고 생각하고 언젠가는 더 큰 돈을 돌려줘야 해."

"네. 투자자의 돈을 받을 때는 신중, 또 신중해야겠네요."

"물론이지. 추구하는 가치도 비슷해야 하고, 무엇보다 멀리 보고 함께 걸어갈 수 있는 사람이어야 해."

"그래서 결혼을 말씀하신 거군요?"

문득 아내 생각이 떠올랐다.

"응, 결혼해서 살다 보면 별의별 일이 다 있거든. 잘 다니던 직장이 부도가 나서 일자리를 잃을 때도 있고, 배우자가 몸이 아파서 입원할 때도 있지. 예상 밖의 어려움이 참 많아. 그럴 때마다 부부가 두 손 꼭 잡고 지혜롭게 헤쳐나가야 해. 투자자 와 창업가의 이상적인 관계도 이래야 해. 순간의 이익이나 손 해에 일희일비하지 않고, 비가 오나 눈이 오나 묵묵히 함께 걸 어가야 해."

"그래서 아까 천사 같은 투자자를 찾아야 한다고 했군요. 그

런데 그런 사람이 몇 명이나 있을까요? 현실에서는 찾아보기 힘들 거 같은데요."

"아니라곤 못 하겠다. 어려운 일이야. 그런데도 기필코 찾아야 해."

"네, 해낼게요."

"조언을 하나 하자면, 첫 번째 투자자가 제일 중요해."

"왜요?"

"사업이 커지면 커질수록 더 많은 투자자와 돈이 필요해. 이때 첫 번째 투자자가 새로운 투자 파트너를 끌고 오는 역할을 해줘. 자연스럽게 우리 회사를 다른 투자자에게 소개하는 거지. 기관이든, 개인이든 투자자들은 서로 긴밀하게 네트워크를 형성하고 있기에 가능한 일이야. 그러니깐 엔젤 투자를 받을 때는 투자자 역량과 네트워크도 검증해봐야 해."

"돈만 많으면 되는 줄 알았는데 그게 아니었네요."

"그럼! 투자업계에는 사기꾼도 많으니까 조심해야 해. 돈 준다고 덜컥 따라가면 안 돼. 돈을 미끼로 온갖 부당한 요구를 다 하는 투자자도 많아."

"아이참! 제가 바보예요? 그 정도는 분간할 수 있어요."

"바보라서가 아니라, 사람이 궁지에 몰리면 지푸라기라도 잡는 법이야. 사업하다 보면 항상 돈이 부족한데, 마음이 급해지면 받아서는 안 될 돈을 받아버리거든. 마치 홀린 사람처럼."

"명심할게요."

"응! 잘할 거라고 믿어. 돈을 구했다면 그다음부터는 회사 체계를 갖추면서 사업을 조심스럽게 확장해나가면 돼."

"재미있을 거 같아요."

"아니, 그 반대야. 험난한 죽음의 계곡을 건너야 하거든."

"네? 아이템도 검증됐고, 투자자도 있는데 뭐가 걱정인가요?"

"역설적으로 많은 창업 기업이 여기에서 쓰러져 죽어. 왜 그럴까?"

1개와 1만 개의 차이

소년은 눈을 동그랗게 뜨고 날 쳐다봤다.

"겁을 주려는 건 아닌데, 이제부터 닥칠 위기에 대해서는 분명하게 이해하고 넘어갈 필요가 있어. 우리 사업에 적용해보자. 100명이 아니라, 만약에 1,000명을 인솔해서 여행을 간다면 어떤 준비가 필요할까?"

"준비할 게 많아지겠죠. 일단 전세버스만 해도 3대로는 어림도 없겠죠. 버스만 해도 3~40대는 빌려야 할 거고, 식사도 1,000인분을 준비해야겠죠. 와……! 판이 커지네요. 테스트할 때랑 차원이 다르네요."

"1만 명으로 키워 보자. 여행을 준비하는 데 필요한 비용이 1인당 20만 원 정도라고 가정하면 얼마가 필요하지?"

"20억 원이요."

"팀원도 늘려야겠지. 인솔자도 더 필요할 테니깐. 지금까지는 카페나 도서관에서도 일할 수 있었지만, 이제부턴 독립된 사무실도 구해야 해. 어때, 상상이 가?"

"소름 돋네요. 기껏 준비해놨는데 안 팔린다면 손해 규모가 엄청나겠네요."

"그래서 죽음의 계곡이야. 사업을 확장해나가는 과정에서 터지는 문제는 이전까지 마주해왔던 문제와는 차원이 달라. 1개를 만드는 것과 1만 개를 만드는 건 완전히 다른 문제야."

"네! 이제 머릿속에 그려져요."

"테스트 단계에서는 사고가 터져도 네가 직접 달려가서 사과하고 보상해주면 끝나. 하지만 1만 명일 때는 다르겠지. 집단 소송도 각오해야 해. 그뿐인가 뉴스에서는 연일 네 회사를 악덕 업체라고 보도할 거야."

"……."

"시스템이 없으면 아무리 좋은 아이템이라고 하더라도 무너질 수밖에 없어. 그냥 아예 재창업한다는 마음가짐으로 회

사 체계를 다져야 해."

소년은 고개를 끄덕이며 말했다.

"빨리 성공하는 게 꼭 좋은 것만은 아니었네요. 모래성을 쌓아봐야 금방 무너지니깐요. 반짝 성공을 좇기보다 묵직한 내공을 쌓아야겠어요."

"내가 알고 있었구나……!"

순간, 지난 일들이 머릿속에 파노라마처럼 그려졌다. 빨리 성공하고 싶은 마음에 수단과 방법을 가리지 않고 사업을 키웠다. 기초 체력이 부실하단 걸 알면서도 말이다. 결국, 난 대가를 치렀다. 알고 있었는데, 대체 난 왜 그랬을까.

"아저씨, 아저씨! 무슨 생각을 그렇게 하세요?"

"어, 아냐. 옛날 생각 좀 하느라. 그 말, 뼛속 깊이 새겨둬!"

제품과 서비스도 어른으로 성장해야

✽ 소년은 해야 할 일들을 다이어리에 적었다.

"뭐부터 하면 될까?"

"일단 서비스는 완성됐으니깐……."

"잠깐만. 다 준비됐다고 생각해?"

"검증이 끝났잖아요. 어느 정도 수정도 했고요."

"노, 노, 노! 테스트 단계의 제품 완성도와 사업 확장을 위한 제품 완성도는 기준이 달라져야 해. 검증하는 수준에서는 약간 허술해도 용납이 되지만, 사업체가 커지는 단계에서는 그렇지 않아. 이때부턴 제품에 작은 결함이라도 있어선 안 돼. 100% 완전무결해야 하지. 당장 전단지부터 질감, 크기, 광고 문구까지 싹 다 고쳐야겠지."

"음, 기존 팀원이 이를 잘 감당할 수 있을지 모르겠네요. 디자인만 하더라도 단순히 잘하는 수준과 일류 수준은 다르잖아요."

"예리하구나. 처음에 함께했던 팀원들이 그 역할을 감당하지 못할 수도 있어. 그럴 땐 더 실력 있는 전문가를 영입해야겠지."

"……"

녀석, 인간관계를 해칠까 봐 두려운 모양이다.

"왜 그래?"

"그러면 창업 초기 멤버가 섭섭해하지 않을까요?"

"우리가 회사를 만든 이유가 뭐지?"

"갑자기 또 왜요? 핵심 가치를 실현하기 위해서죠!"

"팀원을 모으고, 투자자를 구한 이유는?"

"그것도 당연히 우리가 해내고자 하는 일이 있어서죠."

"답이 나온 거 같은데. 역할을 교체하는 이유는?"

"목적에 집중하란 말씀이신 거군요. 이것도 핵심 가치를 실현하는 과정에서 감내해야 하는 결정이었군요."

"아저씨 말을 뭔가 오해한 거 같구나. 해고하란 뜻이 아냐. 과제를 잘 이끌어나갈 수 있는 사람이 지도자가 되어야 한다는 말이지. 그게 창업 초기 팀원일지, 새로 영입한 사람일지는 아무도 모르는 거야. 초기 멤버가 폭발적으로 성장해서 끝까지 리더로 남을 수도 있고, 반대로 한계에 부딪혀서 리더 자리를 내려놔야 할 수도 있어. 중요한 건 누가 그 일에 적합한지를 끊임없이 고민해야 한다는 거야. 먼저 회사에 왔으니깐 계속 리더다? 이건 잘못된 생각이야. 넌 경영자야. 회사를 위해 냉철하게 판단해야 해. 정에 얽매여서 일을 그르치면 안 돼. 모질고 못되게 행동하란 게 아니라, 항상 합리적으로 생각하고 결정해야 한다는 거야."

"경영은 참 어렵네요."

"회사 사장님들 보면 대머리가 많은 거 같지 않아?"

"웬 뚱딴지같은 소리예요?"

"사장님들이 고민을 하도 많이 해서 머리가 다 빠져버린 거야."

"하하! 거짓말."

"진짜야. 좀 전에 네가 한 고민을 매일매일 한다고 생각해봐. 아마 머리 터질걸."

"……."

"공동창업자들이 너를 사장으로 세운 이유는 궁극적으로 모든 일을 책임지란 의미야. 폼이나 잡으라고 사장 자리에 앉힌 게 아니야. 리더는 결정할 권한을 갖게 되지만, 동시에 무한책임을 져야만 해."

"왕관의 무게가 그렇게 무거운 줄 몰랐네요."

"단순히 한번 해보는 식으로, 혹은 재미로 창업에 접근하면 안 돼. 그래서 아저씨가 귀가 닳도록 핵심 가치를 강조하는 거야. 사명감이 없다면 감당할 수 없는 일들이 많거든."

"좀만 쉬었다 할까요?"

녀석은 일어나더니 하늘을 바라봤다. 눈에 생각이 그득해 보였다.

상품과 제품의 차이

✱ 난 뒤로 가서 어깨를 주무르며 얘기했다.

"잘 해낼 거라고 믿어. 진심이야!"

"네, 어려운 경기인 만큼 우승하면 보람도 크겠죠. 우리 다시 시작해요."

"비용 구조도 전체적으로 검토해야 해. 하나를 살 때랑 1만 개를 살 때는 협상 환경이 다르거든. 많이 사는 만큼 싸게 살 수 있잖아. 1만 개의 호텔 객실을 구매할 때, 한 개의 호텔 객실을 예약할 때랑 똑같은 가격으로 살 순 없겠지?"

"당연하죠. 깎아서 사야죠. 돈이 얼만데!"

"시스템을 정교하게 만들 때는 이렇게 모든 비용 요소들을 펼쳐놓고 살펴봐야 해. 단돈 10원이라도 아낄 방법이 없는지 눈에 불을 켜고 검토해야 해. 특별히 비용을 절감할 수 있는 노하우를 하나 알려줄게."

"기대되네요."

"상품과 제품의 차이가 뭘까?"

"네? 똑같은 거 아닌가요?"

"회계학에서는 다른 개념이야. 제품은 우리가 직접 만들어

서 파는 물건이고, 상품은 다른 사람이 만들어놓은 걸 떼다가
파는 물건이야."

"예를 들어주세요. 헷갈리네요."

"어렵지? 편의점에 가서 음료수 먹을 때 표기 사항 부분을
유심히 살펴봐. 그러면 제조업소와 판매업소가 적혀있을 거
야."

"어렴풋이 본 거 같아요. 제조원, 판매원 등의 문구를 본 거
같아요."

"응, 그거야. 제조업소와 판매업소가 일치하는 때도 있고,
다른 때도 있어. 만약 제조원과 판매원이 똑같다면 그건 제조
업체의 '제품'인 거고, 제조업소와 판매업소가 다르다면 그건
판매업체의 '상품'인 거야."

"다시요, 헷갈려요."

녀석은 아까 먹었던 바나나 우유 표기 사항을 뚫어져라 쳐
다보며 대답했다.

"이건 ○○ 회사의 상품이네요. 판매회사가 제조업체에서
물건을 사서, 자기 브랜드만 붙여서 판매했네요."

"그치. 물건을 판매업체에 납품한 제조업체 처지에서는?"

"제품이겠죠."

"오케이! 완벽하게 이해했네."

"그런데 이게 비용을 아끼는 거랑 무슨 상관이 있나요?"

"왜 떼다가 팔까? 자기가 다 만들 수도 있을 텐데."

"자기가 직접 만들기 어려워서였겠죠. 아니면 우리가 만드는 것보다 좀 더 싸게 만들어주거나. 아! 그러네요. 외부에 맡기면 비용을 줄일 수 있는 것들이 있겠네요."

"그게 비법이야. 생산 노하우를 가지고 있는 회사에 맡기면 우리가 직접 만드는 것보다 싸게 만들 수 있어. 이제 그걸 네 사업에 직접 적용해봐."

"전세버스요. 돈이 있다면 사는 것도 나쁘지 않겠단 생각을 했어요. 어차피 오래 쓸 거고. 차 디자인도 저희 스타일대로 만들 수 있을 것 같아서요. 그런데 굳이 살 필요 없을 거 같아요. 그리고 생각해보니 구매량이 많아지면 저희 요구 조건들을 거래처에 관철할 수도 있을 거 같고요."

"문 사장, 대단한데?"

"놀리지 마세요."

"그런데 주의 사항이 한 가지 있어. 우리 회사에서 가장 중요한 일을 외부에 맡겨버리면 안 돼. 그러면 실력이 안 쌓이거든. 어렵더라도 기술도 개발하고, 시행착오를 거치면서 역량을 키워나가야 해. 안 그럼 그저 그런 회사가 되어 버려. 남들과 다 똑같은."

"네, 어떤 말씀인지 알겠어요. 어떤 어려움이 있더라도 핵심 능력은 꼭 움켜쥐고 있어야 한다는 말씀이시죠?"

"맞아! 우리가 외부에 일을 맡기는 건 편해지자고 그러는 게 아니야. 비용을 절감하기 위한 것도 있지만, 보다 근본적으로는 '선택과 집중'을 위해서야. 사람인 이상 모든 일에 힘을 쏟을 순 없거든. 시간, 자원 그리고 에너지를 아껴서 핵심 업무에 집중하는 거지. 강약조절을 잘해서 중요한 일에 몰입해야 해."

따라올 테면 따라와 봐

"이제 창업을 알 거 같아요."

"풋!"

"왜 웃어요?"

"웃겨서. 아저씨도 창업이란 주제를 놓고 20년 동안 씨름했지만, 감히 경영을 안다고 말 못 하겠거든."

"민망하게 왜 그래요. 말이 그렇다는 거지. 제가 뭐 창업 도사가 됐다고 했나요?"

"알아. 나도 그냥 생각나서 얘기한 거야. 너나 나나 농담 참 못한다."

어쩜 우린 이렇게 잡담하는 것도 닮았을까.

"사업은 롤러코스터 같아. 성공을 향해 올라갈 때도 있고, 브레이크 없이 바닥으로 추락할 때도 있지. 사업에 끝이란 건 없어. 구도자의 자세로 배우고, 배우고 또 배워야 해."

"넵! 잘 알겠습니다, 문 선생님."

법은 '최소한'의 안전장치일 뿐!

✱ "이제 개성에 대해서 논해보자."

"개성이요?"

"응! 시장은 정글 같아. 사방팔방에서 날 잡아먹으려고 안달이 나 있지. 누가 돈 좀 번다, 싶으면 경쟁자가 우르르 몰려들어. 비슷한 제품을 만들어서 시장에 내어놓지. 그래도 이 정도면 양반이야."

"더할 때도 있나 보네요."

"그럼! 아예 똑같은 제품이 나오는 상황도 있어. 가격까지 더 싸게 해서."

"나쁜 사람들이네요. 그러면 신고해야 하는 거 아니에요?

모조품이라고."

　나이가 들수록 이런 걸 어떻게 설명해줘야 할지 고민된다. 이상과 현실의 괴리를 어디까지, 어떻게 말해줘야 할까. 시장에는 무법자들이 판을 친다. 그들은 수단과 방법을 가리지 않고 경쟁 기업을 무너뜨린다. 법과 원칙에 어긋나는 일이지만, 그게 또 현실이기도 하다. 선량한 창업자도 이런 환경에서 사업을 해야 한다. 때론 뒤섞여 진흙탕 싸움도 해야 한다.

　어떤 대가를 치르더라도 원칙을 지키라고 말해야 하나. 아님, 편법을 써서라도 이겨야 한다고 가르쳐야 하나.

　흠! 어렵다.

　"신고해야지. 그런데 법의 경계가 모호해. 복제품이라고 결론을 내리기가 쉽지 않아. 브랜드나 디자인을 약간씩 바꿔서 나오니깐. 문제는 그뿐만이 아니야. 1심, 2심, 3심 판결이 나오는 시간도 상당히 오래 걸려. 현실적으로 이제 막 창업한 기업이 이들 기업을 상대로 소송전을 펼치기는 쉽지 않아. 변호사 비용도 무시 못 하고."

　"……."

　"미안해! 있는 그대로 말해주고 싶었어."

　"20년 뒤에도 무법자들이 판을 치나요?"

SIRI야
오늘날씨어때?

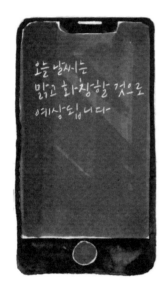

"……."

"그런가 보네요."

"그래도 지금보다 더 나은 세상이 될 거라고 믿어야 해."

"어물쩍 넘어가시려는 것 같은데요? 별로 나아진 게 없나 보네요. 두루뭉술하게 대답하시는 거 보니."

"아니, 우리 사회는 조금씩 진일보해왔어. 지금도 시민들이 정치, 경제, 사회 모든 분야에서 법과 원칙을 확립하기 위해 끊임없이 노력하고 있어. 범법자가 없다고는 말 못 하겠어. 그건 거짓말이니깐. 하지만 단언컨대, 네가 결단하기에 따라 대한민국 미래는 달라질 거야. 때론 억울하고, 말도 안 되게 힘든 순간이 닥쳐도 원칙을 지키며 싸워야 해."

"네! 해볼게요."

"고맙다!"

"제가 포기하면 아저씨가 더 나쁜 세상에서 살아야 하는 거잖아요."

"……."

뭉클했다. 나도 내 말에 더 책임감이 생겼다.

"법은 최소한의 안전장치야. 모조품을 막아줄 수도 없고, 빈틈없는 해결책을 제공해주지도 않아. 법에는 항상 허점이 있거든."

"편법을 말씀하시는 거죠?"

"응. 그래서 아무도 따라 할 수 없는 개성을 갖추는 게 중요해. 그 누구도 쉽사리 따라 하지 못하게 장벽을 만들어 버리는 거지. 내가 개척한 시장으로 다른 경쟁자가 넘어오지 못하게."

'제2의 페이스북'이 아니라, '제1의 무언가'를 만들어야

✴ 난 다시 말했다.

"그러면 어떻게 해야 할까?"

"글쎄요. 아무도 따라 할 수 없을 만큼 싸게 만들어 버리면 되지 않을까요?"

"기업이 많이 활용하는 방법이긴 해. 이른바 '최저가'를 유지하는 거지."

"네. 기능이 유사하면 무조건 저렴한 걸 사니깐요. 경쟁자가 아무리 따라 한다고 해도 우리 제품이 제일 싸면 경쟁력이 있겠죠."

"틀린 말은 아니야. 그런데 경쟁자도 가격을 낮추면?"

"저희가 더 낮춰야 하죠."

"또 낮추면?"

"대응해서 가격을 다시 조정해야 하죠."

"그러다 제품을 만들 때 소요된 원가보다 가격이 낮아지면?"

"……"

소년 얼굴이 빨개졌다.

"그러면 쓰러지는 거야. 창업 기업이 이러한 전략을 쓰는 건 신중해야 해. 이 방법은 동원할 수 있는 현금 크기에 승패가 달려있어. 막강한 자본력으로 무장한 대기업이 이길 수밖에 없는 게임이지. 적은 자본으로 시장을 돌파해야 하는 창업 기업이 실행할 수도 없고, 해서도 안 돼."

"머리가 띵하네요. 가상으로 생각해보는 것도 소름 끼치는데, 실전이면 얼마나 피가 마를까요. 마음 단단히 먹고 창업해야겠어요."

"눈빛이 살아있네. 그런 마음가짐이라면 잘 해낼 거야."

"고마워요. 계속 격려해줘서요."

"하하! 아까는 내가 뭘 안다고 소리쳤잖아?"

"이 아저씨 뒤끝 있으시네. 어서 말씀해주세요. 어떻게 해야
하는지요."

"아무도 모방할 수 없는 우리만의 톡톡 튀는 개성을 만들어
야 해. 어떤 경쟁자도 따라 할 수 없는 우리만의 그 무언가 말
이야."

"브랜드 같은 거요?"

"브랜드도 그중 하나이지. 네 주변에도 많을걸? 쉽게 생각
해봐. 객관적으로 보면 갈 이유가 없는데, 알 수 없는 매력에
이끌려서 가게 되는 곳 말이야."

"생각났다! 저기 아래 식당이요. 욕쟁이 할머니 백반집이
요! 반찬이 썩 그렇게 많은 것도 아니고, 뭐 대단한 음식이 있
는 것도 아닌데 이상하게 거기 가고 싶을 때가 있어요. 할머니
가 마구 욕을 퍼붓는데 정겨워서요. 외할머니 생각도 나고."

"그게 내가 말한 개성이야. 대기업이 따라 할 수 있을까?"

"못하죠. 욕쟁이 할머니를 어디서 구하겠어요. 할머니를 고
용해서 훈련할 수도 있겠지만, 특유의 사투리나 정감이 묻어
나진 않겠죠."

"맞아! 개성이란 건 꼭 브랜드나 디자인에 한정되는 게 아
니야. 우리만의 기술력일 수도 있고, 기업 철학일 수도 있지.

교과서적인 생각에 갇히면 안 돼. 기계적인 사고방식이나 이론적인 틀에 얽매이는 순간, 창업 기업은 경쟁력을 잃게 돼. 창업가에게 중요한 건 상상력이야. 너만의 상상력을 마음껏 발휘해 봐."

"……."

하긴, 어려울 거다. 학교에서 상상력을 가르쳐주진 않으니까.

"난감하지? 그래도 이 부분은 자세하게 설명 안 해주고 싶어. 이 정도면 될 것 같아. 내가 말하는 게 의미가 없거든. 말하고 싶지도 않고."

"왜죠?"

"내가 너에게 설명해줄 수 있는 개성은 역설적으로 개성으로서 의미가 없어. 경쟁자의 고유한 특성을 네가 따라 하는 순간, 그건 이미 개성으로서의 가치가 없어. 넌 그냥 따라쟁이가 되는 거야."

"네, 어중간한 기획은 개성이 아니겠죠."

"그 말 좋네! '어중간한 기획.' 아저씨는 '평균적인 사고방식'이라고 표현해. 이런 생각을 극도로 경계해야 해. 평균을 유지하는 제품과 서비스는 누구에게도 선택받지 못해. 지금부터도 그런 징조가 나타나고 있지만, 네가 앞으로 살아갈 세상에

평균적인 대중은 없어. 고객 모두가 자신만을 위하고 개성 넘치는 제품을 찾거든. 확실한 색깔을 가진 제품이나 서비스를 기획해야 해."

"그렇군요!"

"응, 명심해. 네가 만들어내야 하는 건 '제2의 페이스북'이 아니야. '제1의 무언가'이지."

"네. 왜 아저씨가 설명해주는 게 의미가 없다고 말했는지, 이제는 이해가 돼요. 그런데 말하고 싶지 않단 이유는 뭐예요?"

"아, 그건 사람은 자기도 모르게 누군가 던져준 생각의 틀에 갇혀서 사고하는 경향이 있거든. 내가 혹시나 네 상상력을 제한할까 봐 조심스러웠어."

"어떤 취지인지는 알겠는데, 좀만 더 자세하게 설명해주세요. 기존에 있는 걸 토대로 생각의 폭을 넓혀나가는 것도 필요하다고 했잖아요, 잉!"

녀석, 코맹맹이 소리를 다 내고. 이제 내가 편해졌나 보다.

"하하! 졌다, 졌어. 딱 하나만이다? 약속해."

"네."

"물건을 사러 가게에 가면 깔끔하게 진열되어 있지? 가격도 붙어 있고."

"당연하죠. 그래야 보고 사죠."

"당연한 건 없어. 그걸 거부하는 게 창조적 파괴의 시작이야. 실제로 가게를 미로처럼 설계해놓고 제품을 마구잡이로 깔아놓은 상점도 있어. 가격 같은 건 찾아볼 수 없지. 심지어 고객이 가게 안에서 길을 잃기도 해. 상점 출구를 못 찾아서. 그런데도 소비자는 깔깔거리면서 재미있어 해. 이런 독특함은 이 기업만의 고유한 색깔이 되었어. 그야말로 유일무이한 개성이지."

"흥미롭네요! 그럼 이제 제 사업에도 적용해볼게요. 한 사람에게 특화된 여행을 설계해줄 수 있으면 누구도 쉽게 모방할 수 없을 것 같아요. 시대정신에도 잘 맞고. 단순히 여행 장소나 식사 메뉴만 특화하는 게 아니라, 본인만의 꿈을 찾는 데 도움이 될 수 있는 콘텐츠까지 제공해주는 거죠. 게다가 멘토를 만날 수 있는 시간까지 일정에 넣어주면 어떤 회사도 쉽사리 따라 하지 못할 거 같네요."

"아이디어 좋은데? 그렇게 계속 상상력의 나래를 펼치렴."

"근데 이런 시스템을 만들려면 매우 어려울 거 같긴 해요. 변수도 많고, 이런저런 비용 빼고 이익까지 남기려면 생각만 해도 머리 아프네요."

"너만 어려울까? 다른 사람도 똑같아. 네가 힘겹게 넘어선 높은 장벽이 역설적으로 너를 지켜줄 거야."

창업팀을 위한 STAGE 3 창업프로세스

사업목적사업에서
- 왜 돈을 벌려하나?
- 거리에 지장이 넘쳐나는 이유는 뭘까?
→ 누군가 누군가가 시작했기에 돈벌이가 있기

- 나누구냐? 대답할수 있어야
- 진심이 아니면, 시도는 별거로 '빛나는' 창아나

아이디어서치하기
<시장조사+아이디어>
← 테스트 돕나   YES
← 샘플만들기   YES
No

TEAM
- 기획
- 기술
- 디자인

함시기지
팀의 꺼리 때네, 개발을 할 때네
매 순간 마음 중심에 두어야

- 1000원의 일천 끝 근처의 어사람
- 경제할 투자자 찾기
  (실버제 투자자가 후)
- 에엔컬스런 시드에 있기
- 담배안 할수 없는 개념의 만들기

"우리는 무엇인가에 열정을 가진 사람을 찾는다.
어떤 것에 열정을 가졌는지는 상관이 없다."

– 마크 저커버그

"나는 게으른 사람을 뽑아서 어려운 일을 하게 한다.
게으른 사람은 그걸 쉽게 하는 방법을 알아낼 것이기 때문이다."

— 빌 게이츠

66

"사업도 매한가지야. 사업이 끝나는 시점은 언제일까?"
"글쎄요, 회사에 돈이 떨어지거나 팀원이 모두 떠났을 때인가요?"
"아니야."
"그럼 언제인가요?"

"사업체가 파산했을 때도 아니고,
공장에 불이 났을 때도 아니지. 바로 네가 포기할 때지.
네가 꿈을 내려놓는 순간, 사업은 끝나."

Stage 4
마지막 결전

손을 내밀 줄도 알아야 한다

녀석, 내가 생각한 것보다 잘 따라와 줬다. 아니, 나도 많이
배웠다. 알면서도 잊고 지낸 게 많았는데, 대화하면서 중요한
경영 원리를 마음속에 다시 되새길 수 있었다.

"우리 운동장이나 한 바퀴 걸을까?"

"네, 좋아요! 수업에 열중했더니 어깨가 찌뿌둥하네요."

가을바람이 선선했다. 혹시나 하는 마음에 동굴이 있나 살
펴봤지만 보이질 않았다.

"집에 돌아갈 수 있을까?"

"걱정되시죠?"

"응, 조금."

"뭐라 드릴 말씀이 없네요. 분명한 건 오는 길이 있다면 가는 길도 있겠죠."

"고마워."

"그리고……."

"왜? 편하게 말해."

"아저씨가 모든 것이 단서라고 했잖아요. 지금까지 있었던 일들을 찬찬히 생각해보세요. 꼭 길을 찾으실 거예요."

"그래, 아저씨가 잠시 감상적이었나 보다. 얼른 수업 끝내고 돌아갈 방법을 찾아봐야겠다."

난 다시 본론으로 돌아왔다.

"죽음의 계곡을 통과하면 이제부턴 강력한 경쟁자와 싸워야 해. 거기에는 대기업도 포함돼 있어."

"상상이 안 돼요."

"그치. 경쟁에 익숙해져도 대기업과 싸운다는 건 또 다른 느낌이야."

"네. 피할 수 없겠죠?"

"그럼! 대기업은 대기업끼리, 중소기업은 중소기업끼리만 경쟁하는 건 아냐. 현실 시장은 정글이야. 체급 구분 같은 건 없어. 궁극적으로는 대기업도 넘어서야 해."

"저희처럼 작은 회사가 대기업을 이길 수 있을까요?"

"당연하지! 거대기업의 역사를 분석해 봐. 처음에는 모두 작은 가게였어. 현대그룹을 일구어낸 정주영 회장님도 시작은 쌀가게였지. 아저씨 세상에서 IT 산업을 주도하는 '네이버'와 '카카오'를 키워낸 창업자들도 처음에는 컴퓨터 몇 대로 시작 했어. 너도 해낼 수 있어. 아저씨는 믿어 의심치 않아."

"……."

싸우지 않고 이기는 법, 동맹 맺기

✱ 소년의 발걸음이 무거워 보였다. 그 맘, 잘 안다. 수십 년 동안 경영 실력을 갈고닦은 노련한 경영자에게 도 대기업과의 경쟁은 힘든 주제다. 그래도 해내야만 한다. 세 상은 창업가가 어리다고, 처음이라고 절대 봐주지 않는다.

"대기업과의 경쟁에서 살아남으려면 어떤 전략이 필요할 까?"

"잘은 모르겠지만, 직접 부딪히는 시기를 최대한 미뤄야만 할 거 같아요."

"지혜로운 선택이야. 본능적으로 느껴지지? 창업 기업이 어느 정도 시스템을 갖추었다고 해도 규모면에서는 대기업 한 개 팀보다 작아."

"네, 그럴 거 같아요."

"자금 문제만 따져 봐도 그래. 창업 기업이 3~4차례 투자를 유치한다고 해도 최대 수십억 정도야. 사실, 이 정도 금액을 투자받는 기업도 극소수지. 대다수 회사는 몇 억 정도로 오랜 시간을 버텨야만 해. 반면, 대기업 자본력은 막강하지. 한번 투자했다 하면, 수백억은 기본이니깐. 그뿐인가. 수천 명의 인력도 순식간에 투입할 수 있어."

"……."

"하지만 지레 겁먹을 필요 없어. 어떤 문제이든지 해답은 있기 마련이니깐."

"잠시 규모에 압도되었어요."

녀석 눈빛이 비장해졌다.

"정신 번쩍 차려야 해. 생각을 멈추면 안 돼."

"네! 어떻게 해야 대기업과 대등하게 경쟁할 수 있을까요?"

"일단 덩치를 키워야지. 체급이 다른데 어떻게 정당한 대결이 되겠어. 네가 만든 사업체는 대기업의 백 분의 일, 아니 천 분의 일 규모도 안 되잖아."

"맞아요."

"규모를 극복하는 방법이 뭐가 있을까?"

"연합군을 만들면 되지 않을까요? 우리와 뜻이 통하는 기업을 모아서 공동 대응하는 거죠."

"대단한데! 그것도 좋은 방법이야. 실제로 중소기업이 연합해서 공동 브랜드를 만든 때도 있어. 일종의 협동조합이지."

"제 생각이 맞았다니 기쁘네요."

"또 다른 방법도 있어. 대기업과 손을 잡으면 어떨까?"

"네?"

"이길 수 없다면 아예 같은 편으로 만들어 버리는 거지. 네가 중소기업 연합을 떠올렸던 거처럼 대기업과 동맹을 맺는 거야."

"기가 막힌 방법이네요."

"거대 그룹사의 큰 우산 아래에서 자본과 기술을 축적하며 때를 기다리는 거지."

소년은 까르르 웃으며 대답했다.

"무슨 전쟁 소설 같네요."

"하하! 그렇지? 비즈니스도 전쟁이야. 실제로 많은 경영 이론이 전쟁 방법론에서 파생됐어. 이건 뭐 중요한 건 아니고. 여하튼 대기업과 연합해서 회사를 키워나갈 줄도 알아야 해. 실제로 코스닥에 상장한 기업들의 역사를 분석해보면 창업 초기에 삼성 그룹 등에 납품하면서 성장한 기업이 많아. 대기업과 연맹을 맺고 기술력과 현금을 축적한 거지."

"어떤 말씀인지 알겠어요."

"앞서 대화 나눈 대로 방법을 특정할 필요는 없어. 상황에 맞게, 너만의 창의적인 방법을 고안해내면 돼. 우리 제품에 대기업 브랜드를 붙여도 되고, 대기업이 주도하는 제품 개발의 한 축을 담당해도 돼. 해법은 여러 가지야."

"네, 깊게 고민해볼게요."

전선을 좁히면
대기업도 물리칠 수 있다

✱ 고개를 이리저리 갸우뚱하더니 녀석이 말문을 열었다. 심각한 표정이었다.

"근데, 아저씨!"

"왜 그래? 무섭게."

"반대로 생각해봤어요. 제가 만약 대기업 사장이라면 어떻게 할까. 근데 저라면, 제가 그냥 다 해버릴 거 같아요. 개발부터 마케팅까지 싹 다요. 아쉬울 게 없잖아요. 돈도 있고, 직원도 많은데 군이 중소기업과 손잡을 이유가 없잖아요."

확실히 질문이 날카로워졌다. 불과 몇 시간 전에 마주했던 앳된 소년 모습이 아니었다.

"그게 현실이지. 좋은 지적이야. 그럴 땐 어떻게 해야 할까?"

"난감하네요."

"힌트를 줄게, 울돌목!"

"명량해전에서 이순신 장군이 싸운 곳 말씀하시는 건가요?"

"응! 13척 함선으로 왜군 133척과 맞서 싸워 승리했지. 물리적인 전력만 비교해보면 승산이 없었는데 어떻게 이겼을

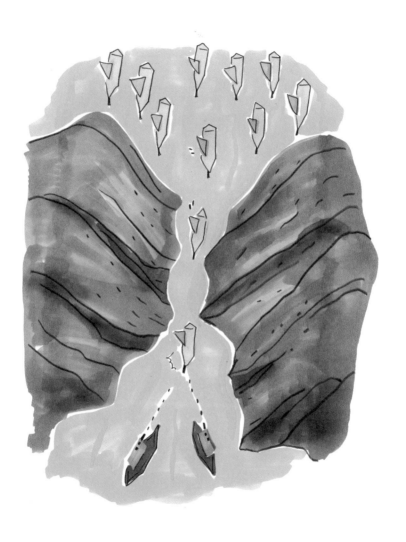

까?"

"글쎄요."

"전선을 좁혀서 싸웠기 때문이야. 길이 좁으면 많은 군인이 한번에 침입할 수가 없어. 전선의 단면만 놓고 보면 '100 대 1'이 아니라, '1 대 1'의 싸움이 되는 거야. 게다가 그들은 협소한 지형에 대한 정보도 없어. 해볼 만한 싸움이 되는 거야."

소년은 이제 내가 별말 안 해도 자기 나름대로 해법을 내놓았다.

"비즈니스에서도 매한가지겠네요. 핵심 제품 한 가지에 모든 역량을 집중시켜서 싸우면 되겠네요. 아무리 대기업이라고 할지라도 모든 제품에 큰 에너지를 쏟아붓긴 힘들겠죠. 빈틈이 생길 수밖에 없을 거 같아요."

"그렇지! 대기업의 아킬레스건을 노려야 해. 관료제 조직이 거대해질수록 시장 정보 수집에 취약해져. 기계적으로 보고를 위한 보고서 작성에만 시간을 허비하는 경우가 많아. 정작 현장에서 어떤 변화가 일어나고 있는지도 잘 모르고."

"음."

"허구한 날 시장 점유율만 분석하다가 변화 흐름을 놓쳐버려. 예를 들어볼게. 특정 기업이 시장 점유율을 1%에서 2%로

우리나라에는 왜 저커버그가 없을까?

올렸다고 가정해보자. 30% 이상을 점유하고 있는 대기업 입장에서는 별로 큰 변화로 안 느껴질 거야. 보고서에 '기타 특이사항' 정도로만 적어두겠지."

"제가 대기업 직원이라도 그럴 것 같아요."

"하지만 자세히 들여다보면 그 기업은 2배로 성장한 거야. 같은 추세라면 단번에 4%, 8% 그리고 16% 시장을 차지할 수 있는 잠재력을 지닌 거지. 좀 있다가 뒤에서 더 자세하게 설명하겠지만, 숫자의 함정에 빠져버린 거야. 말이 조금 샜는데, 요점은 거대 조직일수록 정보 순환이 느리다는 거야. 우리는 그 점을 노려야 해"

"맞아요. 저희는 발로 뛰니깐 더 생동감 있는 시장 정보를 빠르게 수집할 수 있죠."

"그거야. 덩치에서 밀려도 정보전에서 우위에 서면 승기를 잡을 수 있어. 그런 사례는 우리 주변에 얼마든지 있어. 아저씨가 사는 곳에서 등산용품 전자상거래 시장이 그래."

"거기가 좁은 길목이군요? 울돌목처럼요."

"그런 셈이지. 대기업 입장에서는 '틈새'시장이고, 창업 기업에게는 '주력' 시장이지."

"틈새라……."

"이커머스 분야는 거대 기업의 격전지야. 롯데, 신세계, GS, 현대 등등 국내 재벌그룹은 물론이거니와 네이버, 카카오, 쿠팡 등 정보통신 기업도 시장에 뛰어들어 서로 살벌하게 마케팅 전쟁을 벌이고 있지. 그런데 흥미롭게도 이런 기업들이 아웃도어 제품 시장에서는 뚜렷한 성과를 못 내고 있어."

"왜요?"

"'오케이몰'이라는 기업이 거의 20년째 시장 길목을 굳건하게 지키고 있거든. 그것도 동맹군 하나 없이 온전히 자신만의 힘으로 말이야."

"전선을 좁힌 거군요. 몰입할 수 있도록."

"그래. '대기업 대 오케이몰' 구도가 아니라, '대기업 아웃도어팀 대 오케이몰' 구도를 형성한 거지."

"그러면 해볼 만한 싸움이겠네요."

"응. 게다가 오케이몰은 정보전에서도 완전한 우위를 점했어. 그들만의 디테일한 제품 정보 축적은 소름이 돋을 지경이야. 일반적으로 의류 제품은 사이즈가 표준화되어 있지 않아. 어떤 회사는 'S, M, L' 표기를 사용하고, 또 다른 회사는 '90, 95, 100' 등의 표기법을 활용하거든. 더 황당한 건 똑같은 '95' 사이즈여도 회사마다 실제 크기가 조금씩 다르다는 거지. 그런데 오케이몰은 고객이 제품을 구매할 때 불편함이 없도록 그들만의 방법으로 모든 옷을 다 실측해서 쇼핑몰에 표기해뒀어. cm 단위로 쉽게. 덕분에 소비자가 사이즈 때문에 옷을 잘못 주문할 확률이 거의 없는 거지. 이게 말이 쉽지, 일일이 다 제품 크기를 손으로 잰다고 생각해봐. 수고가 보통이 아니겠지."

"네, 덕분에 엄청난 정보가 쌓였겠네요."

"그래! 대기업 구매담당자나 판매자가 감히 따라 할 수 없을 정도로 많은 노하우가 축적됐지. 범위가 제한된 특정 시장 영역에 회사 전체가 에너지를 쏟아부었기 때문에 가능했던 일이야."

마른오징어도 짜는 게 경영이다

난 쉬지 않고 말했다. 시간을 아끼고 싶었다.

"창업에 대해서 전체적인 그림이 머릿속에 그려지니?"

"네, 조금은요. 하지만 끝이 어디 있겠어요? 제가 감히 경영에 대해서 안다고 얘기할 수 있겠어요? 풋."

"뒤끝 작렬하는데?"

"하하! 농담이에요."

운동장을 거닐면서 나도, 녀석도 우리가 나눈 대화를 곱씹어 봤다. 먼저 입을 연 건 나였다.

"지금은 가상 시나리오니깐 이렇게 여유롭게 사색할 수 있지만, 막상 창업하면 생각할 시간이 별로 없어."

"왜 그렇죠?"

"해봐야 알아. 거래처에서는 돈 달라고 하지, 직원들은 하루가 멀다고 힘들다고 하지. 그뿐인가! 고객들 전화까지 받다 보면 정신이 하나도 없어. 빨리빨리 쳐내야 할 일이 산더미야."

"엄청난 집중력이 필요하겠네요."

"응. 그래서 창업가에게는 파괴적인 에너지가 필요해. 아저씨가 처음에 핵심 가치부터 얘기했던 이유도 그 때문이야. 이 일을 왜 해야 하는지 분명히 해두지 않으면 창업 이후 상황들을 버텨낼 수가 없어."

"네. 회사가 커진다고 마냥 기쁜 것만은 아니겠네요. 결정해야 할 일도 산더미처럼 쌓일 테고."

"머리에 쥐가 날 정도야. 매 순간 중요한 결정을 신속하게 해야 한다는 건 결코 쉬운 일이 아니야."

"그럼 기준이나 원칙 같은 게 필요하겠네요. 핵심 가치와 장기적인 전략만으로는 구체적인 판단에 한계가 있을 거 같은데요?"

경영은 이익을 내는 활동

✱ 녀석, 이제 제법 사업가처럼 보였다.

"맞아. 쉽게 활용할 수 있는 사고의 틀을 가지고 있는 게 좋지. 공식 하나를 보여줄게."

> 이익＝매출－비용
> ＝(고객 수×고객 1명당 구매하는 물건 개수×개당 판매가격)－비용

"생각보다 쉽네요? 재무나 회계책 보면 복잡해 보이던데."

"결국에는 이 공식에서 모두 파생된 거야. 사실 경영 활동의 본질은 단순해. 매출, 비용 그리고 이익만 꼼꼼하게 따져보면 돼."

"매출에서 비용을 빼면 이익이다……."

소년은 다이어리에 공식을 적었다.

"이 3가지 요소에서 가장 중요한 게 뭘까?"

"매출인가요?"

"아니, 이익이야. 이익을 계속 창출하는 게 경영 활동의 핵

심이야. 어떤 상황에서도, 시간이 얼마나 걸리든, 궁극적으로는 이윤을 창출해야 해."

"네."

"복잡한 현안도 여기에 대입해보면 해답이 보이지."

"중요하니깐 별표 해둘게요."

"네가 매일매일 해야 하는 결정들을 여기에 대입해봐야 해. 다시 한번 강조하지만, 중요한 건 이익을 내야 한다는 거야. 많은 사람이 창업하면 매출에만 집착해."

"저도 그렇게 생각했어요. 일단 매출을 키워놓고 어떻게든 비용을 줄이면 되지 않을까요?"

"그것도 틀린 생각은 아니지만, 경영자는 늘 여러 가지 시나리오를 가정해서 계획을 세워야 해. 매출을 키웠는데 비용을 줄일 수 없는 경우도 생길 수 있고, 한국 경제 상황이 IMF 때처럼 급속도로 나빠질 수도 있어."

"다양한 상황을 염두에 둬야 하는군요."

"응. 특히 창업 초기에 조심해야 해. 일단 매출이 발생하면 마음이 들뜨거든."

"에이, 애도 아니고!"

녀석은 손사래를 쳤다.

"그럴 거 같지? 그런데 막상 네가 만든 서비스가 출시되고 팔리기 시작하면 마음이 붕 떠. 주변에서 친구들도 대단하다고 부추겨 주고 그러니깐."

"그런가요? 흠."

"하지만 월말이나 연말에 거래처에 대금을 지급하고 직원에게 월급을 주다 보면, 그제야 현실이 눈에 보여. 어느새 회사 통장에 돈이 없다는 걸 알게 되지. 매출이 늘어나는 만큼 비용도 눈덩이처럼 커지고, 결국 거래처나 직원에게 줄 돈이 없는 경우까지 생겨. 매출과 비용의 균형이 깨져서 경영 활동을 지속할 수 없게 되는 거지. 파산이 별개 아냐."

"그래서 이익이 중요하다고 말씀하신 거군요."

"맞아. 이익을 중심에 놓고 매출과 비용 요소를 세세하게 계산해 봐야 해. 한번 직접 해보자. 매출은 어떻게 구성되지?"

"그야 고객이 우리 물건을 사는 만큼이죠."

"이를 도식화 해보면 '고객 수×고객 1명당 구매하는 물건 개수×개당 판매가격'이겠지. 여기에서 비용을 빼주면 이익이 되는 거고."

"네, 이해했어요."

"하나하나 검토해볼까? 이익을 높이는 방법을 생각나는 대로 얘기해봐. 이 공식에 근거해서. 덧셈, 뺄셈 그리고 곱셈만 할 줄 알면 돼."

"고객 수를 늘리거나, 고객 한 명이 구매하는 구매량을 늘리면 돼요. 아, 그러네요! 꼭 고객 수를 늘려야만 하는 게 아니었군요. 기존 고객을 잘 관리해서 더 많은 구매를 유도하는 것도 좋은 방법이네요."

"그리고 또?"

"가격을 올리는 것도 좋은 전략이 될 수 있겠고. 음……. 매출에 변화가 없어도 비용 자체를 줄여도 이익을 높일 수 있겠네요."

"어때? 내가 설명해주지도 않았는데, 네 나름대로 공식을 보면서 합리적인 대안들을 떠올렸지?"

"그러네요!"

"1만 개를 생산하는 일도, 대기업과 손을 잡는 일도 기본적으로 이 틀 안에서 이익을 먼저 계산해 봐야 해. 모든 결정에 대해서 예외 없이. 그래서 이익이 난다면 올바른 결정인 거야. 어떤 결정이든지 이익이 나지 않는다면 원점에서 다시 검토해야 해."

"네, 잘 알겠어요."

"어때? 어떤 사안이든지 이제 손익을 따져볼 수 있겠지?"

"넵!"

숫자 놀이에 빠지는 걸 경계해야

✽ 녀석은 신이 난 듯 보였다.

"이것만 있으면 어떤 결정이든 합리적으로 해낼 수 있을 것 같아요."

"노, 노! 결정은 신중, 신중 또 신중해야 해. 숫자로 판단하는 건 기본 중의 기본이야. 그 이상도, 그 이하도 아니야. 어떤 일이든지 핵심 가치, 팀원과 고객 의견, 시대 흐름 등을 종합적으로 판단해서 의사결정에 반영해야 해. 회사가 커질수록 숫자 놀이에 빠지는 걸 항상 경계해야 해."

"숫자 놀이요?"

"응. 회사 초기에는 창업자가 발에 땀 나게 뛰어다녀. 현장에서 고객을 직접 만나고, 팀원과도 치열하게 토론하면서 의사결정을 내리지. 그런데 회사 조직이 커지고, 고객도 많아지다 보면 어느 순간 숫자의 함정에 빠져버려. 계산기만 두들겨

보고 모든 결정을 내려버리는 우를 범하게 돼.”

“그러고 보니 뉴스나 드라마만 봐도 사장들이 모두 으리으리한 사무실에 앉아서 결재만 하는 것 같았어요.”

“그게 아저씨가 말한 경영 놀이야.”

“놀이라. 뼈있는 말이네요.”

“우리가 하는 결정에는 한 사람의 인생이 달려있어. 팀원, 고객, 주주 등 모두에게 영향을 미치지. 긍정적으로 영향을 미칠 수도 있고, 부정적인 영향을 미칠 수도 있어. 네가 판단을 잘못해서 회사가 망하면 주주는 돈을 잃는 거고, 직원은 직장을 잃는 거야. 그러니깐 경영을 노는 것처럼, 놀이처럼 가볍게 생각하면 안 돼. 결재 보고서에 사인할 때는 손에 땀을 쥘 만큼 긴장감을 유지해야 해.”

“막중한 책임감이 느껴지네요.”

“아저씨가 너무 부담을 줬나? 하하. 그래도 기쁜 마음으로 많은 사람을 품고, 이끌다 보면 어느새 거인이 되어 있는 네 모습을 발견하게 될 거야.”

“격려해주셔서 감사해요.”

“뭘. 원래 하려던 얘기부터 끝내자. 경영하다 보면, 숫자로만 판단해서는 안 되는 사안이 많아. 직원 성과 평가가 대표적인 경우야."

"성적 평가는 항상 예민하죠."

"그렇지. 만약 매출, 비용 등 숫자로만 직원을 평가한다면 영업사원이 제일 유리할 거야. 직접 매출을 만들어내는 부서이니깐. 반면, 신기술만 개발하는 연구원은 최악이지. 매출은 제로이고 막대한 연구 개발비만 쓰는 거처럼 보이잖아. 숫자만 놓고 보면 연구 부서는 존재할 이유가 없는 거야. 하지만 종합적으로 사고해보면 관점이 달라져. 실패가 쌓이면서 축적된 데이터야말로 신규 제품 개발에 가장 핵심적인 정보야. 눈에 보이지 않는 자산인 거지. 수치화할 순 없지만 귀중한 보물이야. 이를 바탕으로 경쟁자를 앞설 수 있는 제품을 만들어낼 수 있으니깐."

"네. 만약 단기적인 관점에서 숫자만을 놓고 평가했다면 연구 부서를 줄이거나 없애버렸겠네요."

"바로 그거야. 고객과의 관계도 마찬가지야. 아까 전단지를 나눠주면서 시장 조사할 때 어떤 데이터를 수집했지?"

"그러고 보니 수치화할 수 없는 견해도 꽤 많았어요. 품질이나 가격 외에도 '느낌'처럼 정량화할 수 없는 의견을 주신 분도 있었거든요."

"좋은 걸 경험했네. 경영자가 숫자와 보고서에 갇혀 버리는 순간, 그 기업은 쇠락해. 작은 모니터 속 메일함에 갇혀 버리면 안 돼. 창업가는 눈, 귀 그리고 마음을 활짝 열어놔야 해."

"네. 초심을 잃지 않고 매사에 깨어있도록 노력할게요. 팀원, 고객, 투자자……. 단 한 사람이라도 절대, 절대 소홀히 하지 않을게요."

끝판에 이겨야, 진짜 이긴 거다!

노파심에 마지막으로 딱 한 번만 더 위기의식을 강조해주고 싶었다.

"1960년대 한국을 좌지우지했던 10대 그룹 중에서 2010년대에도 여전히 상위권으로 남아있는 그룹이 몇 개나 될까?"

"글쎄요."

"삼성과 LG밖에 없어. 나머지 8개 그룹사는 순위에서 흔적도 없이 사라졌지."

"……"

"섬뜩하지? 막강한 자본력과 일류 인재로 완전히 무장한 그룹사도 경영에 실패해. 우리가 마주하는 오싹한 현실이지. 하물며 우리 같은 창업 기업은 언제든지 망할 수 있어."

"경영이란 게 참 어렵네요. 미분, 적분은 어려운 것도 아니었네요."

"내가 아까 왜 웃었는지 알겠지? 네가 창업을 좀 알겠다고 했을 때."

"네, 선무당이 사람 잡을 뻔했네요."

"아니야. 몰랐으니깐. 이젠 거의 다 끝났다, 창업 수업."

"진심으로 창업을 해보고 싶네요! 저와 이웃을 위해서요."

소년 눈망울이 빛났다. 녀석에게 이런 잠재력이 숨겨져 있는 줄은 꿈에도 몰랐다. 나도 뿌듯했다.

"아저씨가 마지막으로 비밀 무기 하나만 말해주고 강의를 끝낼게."

"비기라. 아저씨도 그런 단어를 쓰는군요."

'지지 않는 법'과 '이기는 법'은 완전히 다르다

✻ 농담이 아닌데. 난 소년 눈을 마주 보며 진지하게 말했다.

"복싱 선수 홍수환 알지?"

"그럼요. '4전 5기' 영웅이잖아요."

"그래. 네 번이나 다운되고도 다시 일어나서 KO승을 거뒀지."

녀석은 잽을 날리면서 농담하듯 대답했다.

"네. 짜릿한 승부였죠."

"홍수환 선수 말고, 혹시 상대 선수 이름을 기억하니?"

"아니요, 그걸 누가 알겠어요."

"맞아. 아무도 관심이 없지. 졌으니깐. 혹시 패자 처지에서 생각해본 적 있어?"

"네?"

"네 번이나 이겼는데, 마지막에 넘어지면서 안타깝게 패자가 되어 버린 선수 마음은 어땠을까?"

"……. 지는 사람 처지에서는 생각 못 해봤네요."

"승부의 세계란 게 그래. 승리를 거듭해도 끝판에 넘어지면 진 거야. 그리고 모두의 기억 속에서 사라지지. 아무리 아름다운 말로 포장해도 승부는 냉혹해."

"유념할게요."

"응. 그런데 대체 어떤 생각이 이 승부를 갈라놓았을까?"

"홍수환 선수가 포기하지 않아서겠죠."

"반은 맞고, 반은 틀렸어."

"네?"

소년은 눈을 동그랗게 떴다. 대부분이 그렇게 대답한다. 사실 틀린 말도 아니다. 하지만 좀 더 깊게 생각해볼 필요가 있다. 우승하는 방법에 대해서. '이기는 법'과 '지지 않는 법'은 전혀 다른 차원의 문제이기 때문이다.

"복싱 선수가 펀치를 맞고 쓰러질 때 충격은 상상을 초월해. 축구 경기를 하다가 넘어질 때 정도의 아픔이 아니야. 극도의 공포감과 고통을 느끼며 쓰러지는 거야. 심리적 충격이 상당하지."

"음."

"강한 펀치에 트라우마가 생기면 상대 선수가 손만 들어 올려도 온몸이 얼어붙어. 이걸 극복해내지 못하면 다시 링에 오를 수조차 없어."

"결국, 자신과의 싸움인 거군요."

"그렇지. 우리, 선수 고통을 깊이 묵상해보자."

간절한 꿈이라면
숟가락으로도 큰 산을 세울 수 있다!

✱"두려움에 벌벌 떨면서도 다시 일어나 투혼을 불태웠던 이유가 뭘까? 단순히 포기하지 않아서라면 링 위에서 숨만 쉬면서 버텼을 거야. 도망만 다니면서. 죽을힘을 다해 재차 주먹을 내지르지 않았겠지."

"아……, 그렇군요! 지지 않기 위해 링에 오르는 게 아니었군요. 챔피언을 열망했던 거군요."

"정답이야! 우승을 동경해서였어. 간절하게. 그래서 어떤 어려움이 와도 극복해낼 수 있었고, 꿈을 향해 용감하게 주먹을 뻗은 거야."

"네."

저 진지한 눈빛. 이젠 내가 없어도 될 거 같다. 소년은 이제 경영자로서 손색이 없었다.

"사업도 매한가지야. 사업이 끝나는 시점은 언제일까?"

"글쎄요. 회사에 돈이 떨어지거나 팀원이 모두 떠났을 때인가요?"

"아니야."

"그럼 언제인가요?"

"사업체가 파산했을 때도 아니고, 공장에 불이 났을 때도 아니지. 바로 네가 포기할 때지. 네가 꿈을 내려놓는 순간, 사업은 끝나."

"……."

"생각만으로도 가슴 벅찬 꿈이 있다면 수천 번을 넘어져도 다시 일어설 수 있어. 간절한 꿈이라면 숟가락으로도 큰 산을 세울 수 있어. 어떤 상황에서든지 네 꿈을 꽉 움켜쥐어. 이게 바로 비밀 무기야."

"……."

"왜 그래? 우는 거야?"

소년은 머리를 땅에 떨구더니 어깨를 들썩였다. 그때였다. 빗소리가 들려왔다. 녀석이 흐느낄수록 소리가 점점 더 커졌다.

"아저씨, 고마워요. 다시 태어난 거 같아요. 이젠 두렵지도, 걱정되지도 않아요. 제 꿈을 꼭 이룰 거예요. 아, 죄송해요. 잠깐만 화장실 좀 다녀올게요. 눈물 닦고 세수하고 올게요. 창피하네요."

"그래, 그래. 다녀와."

소년이 달려가자 빗소리가 더 거세졌다. 놀란 마음에 소리가 들려오는 곳으로 뒤를 돌아봤다. 동굴이 눈에 보였다.

그랬구나! 소년이 화가 날 때마다 소리가 들렸던 게 아니라, 감정 변화가 있을 때마다 빗소리가 들렸던 거였구나. 돌아가는 문의 열쇠는 녀석 감정이었어. 지금 소년 마음이 요동치면서 문이 열린 거야.

아, 어떡하지. 작별 인사도 못 했는데. 아니다. 마음을 굳게 먹자. 이번이 아니면 못 돌아갈지도 몰라. 조금 아쉽긴 하지만, 창업 지혜도 다 알려줬으니 후회는 없어.

난 서둘러 동굴로 뛰었다. 문이 닫힐까 봐 겁나서 쉼 없이 달렸다. 입구 쪽에 도착해 가쁜 숨을 몰아쉬며 동굴 밖으로 나왔다. 어느새 비가 그치고 따스한 햇살이 내 얼굴을 감쌌다.

"돌아왔구나!"

잠시 숨을 고르며 주변 풍경을 바라봤다. 햇살도, 바람도,

단풍도 모든 것이 완벽했다. 꿈같은 하루였다. 이상한 느낌에 고개를 뒤로 돌려 봤다. 그런데 웬걸. 동굴 문이 사라졌다. 손으로 벽을 더듬어 봤지만, 거짓말처럼 동굴이 없어졌다.

어떻게 된 거지. 다른 무엇보다 인사를 하지 못하고 나온 게 영 찝찝했다.

방법이 없을까. 그래, 언젠가 녀석이 크면 이리로 올지도 몰라. 여기 나뭇가지에 마지막 인사를 남겨 놓자!

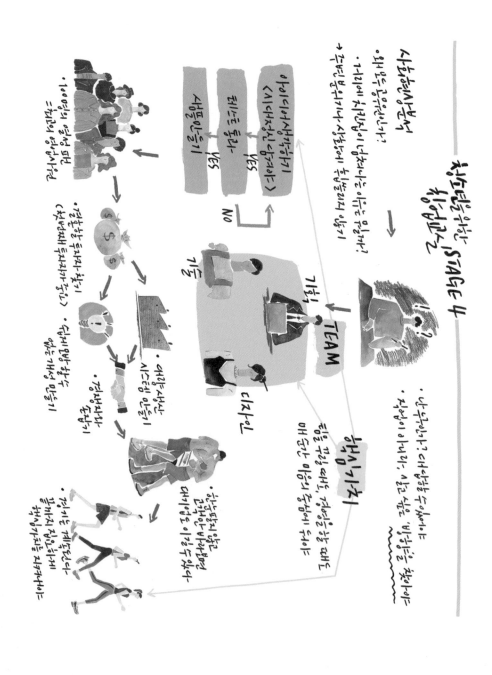

천순빈의 인디 컴퍼스 STAGE 4

새출발하기

• 왜 만드는 걸까요?
• 그림에 지갑이 나타나는 이유는 뭘까?
→ 누군가 무언가를 사용하게 하려고 만들기

아이디어 생각하기
〈시대정신 엉망하다〉

시대정신 → YES → 트렌드 뚫다 → YES → 새로 만든다

No

?

→ TEAM

기회

기술

디자인

함께하기
특이 과정 때, 경제적 어려울 때도 배우면 이야기 중요이 있어

• 난 누구인가? 대답할 수 있어야 해
• 지향이 아니면, 시간 낭비, '방향'을 찾아야해

$ $ $
결합한 투자자 찾기
(첫번째 투자자가 누구)

• 100명의 열성 팬
= 더 많이 알아야지

• 게임의 왕은 할 수 있는 개성이 있기

• 에겐 스서는 시스템이 있는기

• 개성자나 투하기

이기자
하나만이 아닌
그래야 사이버월의
대기업도 이길수 있다

• 구나는 제한되나 끝까지 지향하기
혹시가도 저격해야해

"생각만으로도 가슴 벅찬 꿈이 있다면
수천 번을 넘어져도 다시 일어설 수 있어.
간절한 꿈이라면 숟가락으로도 큰 산을 세울 수 있어.
어떤 상황에서든지 네 꿈을 꽉 움켜쥐어.
이게 바로 비밀 무기야."

"나는 항상 몇 가지에 집중해왔다.
하나는 회사와 우리가 설립하는 것들에 대한 분명한 방향성을 갖는 것.
그리고 하나는 이를 이루기 위한 최고의 팀을 만드는 것이다.
만약 기업으로서 이 두 가지(뚜렷한 방향성과, 이를 실행하기 위한 좋은 사람들)가 있다면
기업은 잘 운영될 수 있다."

ㅡ 마크 저커버그

"사람들에게 문제점을 보여주고 해결 방식을 제시하면
사람들이 실천에 옮기리라 믿는다."

−빌 게이츠

66

"대표님, 기업 공개를 축하드립니다!
이제 곧 1,000억 원대의 자산가가 되실 텐데요. 기분이 어떠세요?"
대표로 보이는 청년이 대답했다.
"글쎄요. 그건 중요한 게 아닙니다.
오늘 여러분을 초청한 이유는 회사 비전을 대외적으로 알리고 싶어서였어요.
저는 부자가 되기 위해서 창업한 게 아니에요.
제 주변 이웃과 친구들에게 꿈과 용기를 줄 수 있는
콘텐츠를 만들고 싶었어요.
우리 회사 핵심 가치죠."

FINISH
그대여, 역사가 되었는가?

야외 단상 앞에서 플래시가 터졌다.

무대 뒤편으로 '2018년 9월 운명의 바람 소리 기업 공개 기자 간담회'라고 적힌 플래카드가 붙어 있었다. 기자 한 명이 물었다.

"대표님, 기업 공개를 축하드립니다! 이제 곧 1,000억 원대의 자산가가 되실 텐데요. 기분이 어떠세요?"

대표로 보이는 청년이 대답했다.

"글쎄요. 그건 중요한 게 아닙니다. 오늘 여러분을 초청한 이유는 회사 비전을 대외적으로 알리고 싶어서였어요. 저는 부자가 되기 위해서 창업한 게 아니에요. 제 주변 이웃과 친구들에게 꿈과 용기를 줄 수 있는 콘텐츠를 만들고 싶었어요. 우리 회사 핵심 가치죠."

관중석에서 웅성대는 소리가 들렸다. 다른 기자가 질문했다.

"그럼 다른 질문드리겠습니다. 미국 콘텐츠 업계를 평정한 '넷플릭스'가 한국 진출을 공식적으로 결정했는데요. 대비책은 있으신가요?"

"대비책이라……. 고객님만 바라볼 것입니다. 시작할 때도 같은 마음이었고, 앞으로도 한결같이 고객님께만 집중하려 합니다. 그분들 인생에 긍정적인 영향을 미칠 수 있는 콘텐츠를 온 맘과 정성을 다해 제작하려 합니다."

기대한 대답이 아니었던 걸까. 기자들이 고개를 갸우뚱했다. 어색한 분위기를 눈치챈 홍보 이사가 재빨리 단상에 올라갔다.

"질문은 이 정도로 하시고요. 오늘 저희가 설악산 호텔에서 기자 간담회를 준비한 이유는 시간에 쫓기는 여러분에게 대자연 속에서 쉬어갈 수 있는 시간을 선물해드리고 싶어서였습니다. 기자 간담회도 우리만의 색깔로 준비하고 싶었거든요. 아무쪼록 준비한 음식과 전시회를 즐기면서 좋은 시간 보내시길 바랍니다."

홍보 이사는 단상에서 내려오자마자 대표로 보이는 청년에게 다가갔다.

"대표님도 참! 어떻게 한번을 그냥 안 넘어가요. '부자가 돼서 기쁘다', '넷플릭스는 우리 적수가 못 된다' 두루뭉술하게 말해주면 될 것을."

"그건 우리가 지향하는 가치가 아니잖아요. 원칙을 반드시 지켜야 해요."

"하여튼 못 말려요."

"어쨌든 잘 끝났네요. 마무리는 이사님께 부탁드릴게요. 전 꼭 좀 보고 싶은 사람이 있어서요. 잠시 나갔다 올게요."

청년은 서둘러 산속으로 뛰어갔다. 산길을 이곳저곳 유심히 살펴보더니, 나뭇가지로 가려져 있는 벽 앞에 멈춰 섰다.

"아저씨가 분명 여기 어디에서 길을 잃었다고 했는데. 고약한 양반 같으니라고. 인사나 좀 하고 가지. 그렇게 가버리나."

한참 동안 벽을 응시하다 무언가 발견했는지 소리를 질렀다.

"찾았다, 찾았어! 하하하. 역사라……. 아저씨다운 메시지네요."

청년은 소년처럼 활짝 웃었다. 그리곤 자신도 나뭇가지에

글씨를 새겼다.

"역사가 되었냐고요? 우리가 세상을 바꿨어요!"

그대여,
역사가 되었는가?
우리가 세상을 바꿨어요!

초 판 1쇄 인쇄 | 2019년 5월 1일
초 판 1쇄 발행 | 2019년 5월 10일

글 | 문성철 • 그림 | 이애영
펴낸이 | 조선우 • 펴낸곳 | 책읽는귀족

등록 | 2012년 2월 17일 제396-2012-000041호
주소 | 경기도 고양시 일산서구 대산로 123, 현대프라자 342호(주엽동, K일산비즈니스센터)

전화 | 031-944-6907 • 팩스 | 031-944-6908
홈페이지 | www.noblewithbooks.com
E-mail | idea444@naver.com

출판 기획 | 조선우 • 책임 편집 | 조선우
표지 & 본문 디자인 | twoesdesign
표지 & 본문 일러스트 | 이애영

값 15,000원
ISBN 978-89-97863-98-3 (43320)

이 도서의 국립중앙도서관 출판예정도서목록(CIP)은
서지정보유통지원시스템 홈페이지(http://seoji.nl.go.kr)와
국가자료공동목록시스템(http://www.nl.go.kr/kolisnet)에서
이용하실 수 있습니다.
(CIP제어번호: CIP2019014398)